びわ湖のほとりで35年続く
すごい授業

滋賀大附属中学校が実践してきた
主体的・対話的で深い学び

山田奨治
滋賀大学教育学部附属中学校
[著]

ミネルヴァ書房

滋賀大学教育学部附属中学校「BIWAKO TIME」の流れ（2016-17年度）

学習の流れ
①総合学習ガイダンス（1時間）

① 総合学習ガイダンス（1時間）
　全校集会形式で，全員で総合学習のガイダンスを，BT・CT・「情報の時間」担当の教員から聞き，配付された研究テーマのカテゴリー表をヒントに希望する領域を決める。自分のテーマを決める際には，思考ツールで自分の関心のあることを整理する。
　例年BT担当から本年度のBTのテーマを発表する。2017年度は「つなげる」だった。

② テーマ設定・学習企画作り（4時間）
　似たようなテーマの生徒同士でグループを組み，異学年合同グループでの活動がスタートする。
　自分たちの関心のあることについて，思考ツールを使い，共通点を見つけたり，アイデアをふくらませたりする。図書室で保管している過去のBTの調査ファイルや，タブレット端末に保管した昨年度の全校生徒のBTレポートも活用する。

②テーマ設定・学習企画作り（4時間）

② テーマ設定・学習企画作り（面談）
　各グループでは，研究テーマと問いを立てる。その後思考ツールのひとつであるピラミッド・ストラクチャーを使って研究計画を立てる。
　そのうえで，ベースルーム担当教員から「試練の面談」を受ける。教員は，問題点を指摘しながら，ゆさぶりをかけるようなアドバイスを与え，生徒の思考を深める。

②テーマ設定・学習企画作り（面談）
課題の設定（ピラミッド・ストラクチャー）

2017年度の主な研究テーマ
- ○（遺跡3）膳所城が取り壊された理由
- ○（地学4）滋賀を震源とした震度6強の地震によるダメージは？
- ○（生物3）南湖の臭いが改善されない原因
- ○（生物4）ホンモロコにとって最も住みやすい環境とは？Part3
- ○（商業1）ビワイチの可能性とは？
- ○（通信産業9）スマホと学力向上の関係性
- ○（音楽・舞踊2）琵琶湖周航の歌って，なあに？
- ○（作品4）滋賀県でロケ地の魅力を滋賀の作品から伝えよう！

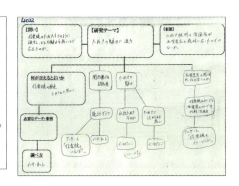

③調査研究活動（10時間＋夏休み）
　BTの時間では，集まったグループのメンバーで調査した内容をまとめたり，分析したりすることが重要なので，本やインターネットで調べる作業は，なるべく家庭や昼休みのコンピュータ室の開放時に行うようにしている。
　図書は，滋賀県立図書館や大津市立図書館などから一定期間まとまった数を借りている。
　また，訪問型の校外活動を必須としている。校外活動に行きやすいよう，帰りの会を先に行うオープンエンドの日を設けている。

④発表準備（4時間＋秋休み）
　各グループの調査研究活動で集めた情報を思考ツールで整理し，ベースルームの担当教員と中間面談を行う。
　整理ができてから発表準備に入る。発表は，紙スライド，パソコンスライド，模造紙，画用紙などを活用する。各グループ7分で発表できるよう，リハーサルを行う。

⑤調査研究交流会（2時間）
　目的は，約半年間にわたり取り組んできた調査研究の内容・考察・主張を，相手にわかりやすく，論理的に発表することと，他のグループの発表を自分たちと比較しながら聞き，良さを評価したり，疑問を出し合ったり，足りない部分を補ったりしながら，みんなで深め合うことの2点である。
　7分の発表のあと，3分の質問・交流タイムを取る。教員は，生徒の質問を受けて，発表グループの学習がより深められるよう指導する。

⑥まとめの集会（2時間）
　各ベースルームから選ばれたグループの発表を各自の調査研究を比較しながら聞き，「代表グループの良い点」から「自分たちに足りなかったこと」を分析する。

⑦反省とまとめ（1時間）
　調べた資料をファイルに整理して，今後の生徒が閲覧できるようにしたり，質問紙調査に記入したりする。あわせて，各自がBTを通して何を学んだかを明確にするために，レポートを書く。

は し が き

　校長室の書棚にある様々な報告書を紐解くと，古いものでは，1949年発刊の「新教育の構想と実際」が並んでいます。滋賀大学教育学部附属中学校（本校）の前身であります滋賀師範学校男子部附属中学校および同女子部附属中学校は，1947年４月に学制改革に伴い，学校教育法施行規則第85条により設立されていますので，設立当初から，本校では教育・研究を積極的に行ってきたといえます。その後も毎年度，本校では研究主題を設定し，今日までの約70年間，様々な課題に取り組んでまいりました。こうした歩みのなかで，教育関係者の方々から，「総合的な学習の時間」の先駆的な実践による授業モデルを提供してきた学校として認識いただくに至っておりますし，日本教育工学会からは，教科・領域横断型のカリキュラム「情報の時間」の開発と，専門の異なる教員が連携して情報活用能力を評価する独自の取組が評価され，学校情報化先進校と認定されるなど，いくつもの成果をあげてまいりました。このような歴史のある本校に勤務する我々，現在の教員は，先輩教員に敬意を払う一方で，先輩に続こうと日々，努力を重ねておるところです。

　2017年８月に国立教員養成大学・学部，大学院，附属学校の改革に関する有識者会議報告書が示されました。国立大学に設置される附属学校園の設置目的は，「附属する国立大学，学部における児童，生徒，幼児の教育又は保育に関する研究に協力し，当該国立大学，学部の計画に従い，学生の教育実習の実施に当たる」ですが，有識者会議では附属学校の存在・役割の明確化が課題であるとされました。具体的には，地域のニーズに対応した教員養成・研修の拠点としての機能を高めるとともに，地域のモデル校としての役割が期待されています。

教育においては，子どもたちに，時代を超えて変わらず必要な資質・能力と，社会の変化のなかで，将来，自己実現を図りながら生きていくために必要な資質・能力とを身につけさせる視点が必要です。本校では，設立当初から，このような視点をもって，自ら教育課題を設定し，教育・研究に取り組み，実践を重ねるとともに，教員を目指す学生の指導も行ってまいりました。同時に，授業公開や研究発表協議会等を通じて，本校の研究や実践を広く地域に示し，地域のモデル校としての役割を果たす努力をしてまいりました。その一方で，本校の教育・研究活動の第一の目的である生徒の育成が本当にできていたのか，モデル校として地域の学校で本当に参考にしていただけているのかなど，常に自らに問いながら，これまで歩んでまいりました。今回，山田奨治先生に本書をご執筆いただくにあたり，これまでの教育・研究活動の内容はもちろん，その成果と検証についても整理いたしました。これらについて，本書で詳しく解説していただいておりますが，国立大学の附属学校としての使命を果たすに十分であると自負しておるところです。

　人類は，古来，様々な活動をしながら生活の変化を促し，進歩を続けてきました。特に最近の変化，進歩はこれまでとは比較できないほどに急激なものとなっています。人工知能の進化が，私たちの社会を変えることは確実です。現在も既にそうなりつつありますが，人間と機械が入り混じる社会となり，近い将来なくなる職業と残る職業というリストが論文として公表されてもいます。しかし，人工知能の仕組みは人間の知能と同じではなく，人間が思考することと人工知能が導き出すこととは結果は同じでもそのプロセスは違いますし，人間は本能という進化を経て生み出されてきた知恵を持っています。また，社会を作り，お互いにコミュニケーションをとって知恵を出し合う一方で，先人から受け継がれる情報を文化，知恵として活用もします。

　新学習指導要領の解説には，「人工知能がどれだけ進化し思考できるよ

はしがき

うになったとしても，その思考の目的を与えたり，目的のよさ・正しさ・美しさを判断したりできるのは人間の最も大きな強みである」という記述があります。我々は，生徒が，これからの急激な社会の変化に積極的に向き合い，周りの人と協働して課題を解決していくことのできるよう，生きるための基礎的な力に加えて論理的・創造的に自ら思考，判断し，行動する力と心豊かな人間力を具えた人に成長させることを目標にしております。

本校では，これまでもそうであったように，これからも，教育内容全体を常に検証し，現代社会で生き抜く生徒を育成するための最良の教育を目指して，日々，進歩を続けていく所存です。また，我々の次世代を育てるべく，教育学部の学生にも我々の教育・研究で培った成果と教師としての姿勢を積極的に伝えていこうとしています。生徒や保護者の皆様のご意見やご感想はもちろん，様々な学外の先生方からのご意見，ご助言を真摯に受け止め，自己評価と改革を行い続けてまいります。今後もこの姿勢を貫き，本校の教員は，「学び続ける教師像」を具現化する存在でありたいと思います。この本をきっかけに皆様からのご忌憚のないご意見やご指導を賜りますようお願い申しあげます。また，授業の参観等も常にお受けいたしておりますので，是非，お声かけいただきますようよろしくお願い申しあげます。

末筆となりましたが，本校のこれまでの教育・研究に対しまして，多くの先生方からたくさんの貴重なご指導，ご助言をいただいてまいりましたことに改めて厚くお礼申しあげます。特に，山田奨治先生には，長年にわたるご指導，ご助言をいただいておりますうえに，今回，我々の日々の活動を丁寧にご覧いただいて，データを客観的に整理していただき，このような著作としてまとめていただきましたことに深く感謝の意を表します。

　2018年7月

　　　　　滋賀大学教育学部附属中学校校長　久保加織

目 次

はしがき………………………………………………………………久保香織…i

序　章　自ら考え，判断する子どもたち………………………………1

第1章　学びのエンジンを作る……………………………………………11
　　　きっかけ　「情報の時間」ができるまで　思考ツールの定着
　　　「情報の時間」の目標と内容　1年生「情報の見方」
　　　2年生「情報の加工」　3年生「情報の生産」
　　　理解度と生徒の自己評価　学級劇を作るCT

第2章　びわ湖から「学び方」を学ぶ……………………………………41
　　　「BIWAKO TIME」とはどんな授業か　発表会の様子　質疑応答
　　　BTの略史　テーマを決めるまで　調査研究の実際
　　　発表会を通して考える　「情報の時間」との連携
　　　BTの教育効果　さらなる「深い学び」の種

第3章　生徒が変わる………………………………………………………73
　　　生徒・保護者アンケートから　全国学力テスト生徒質問紙から
　　　共通理解を作る

第4章　教員も変わる………………………………………………………94
　　　国　語　文章の論理構造を可視化し，批判的読みの力を育む説明的文
　　　　　　　章教材の指導方法　　　　　　　　　　　　　井上哲志
　　　国　語　国語の授業力を向上させるBTと「情報の時間」と「思考
　　　　　　　ツール」　　　　　　　　　　　　　　　　　北村拓也
　　　社　会　交流を通した社会的思考力・判断力を高める社会科授業にむ
　　　　　　　けて　　　　　　　　　　　　　　　　　　　橋本正輝
　　　数　学　情報の本質を捉え，活用場面を想定した数学科の指導の工夫
　　　　　　　　　　　　　　　　　　　　　　　　　　　　髙橋利彰

数　学　「情報の時間」，BT と「数学科」との関連性を考える
　　　　　　　　　　　　　　　　　　　　　　　　　山下　亮
理　科　探究的学習活動における論理的な思考と，対話的な学びを目
　　　　指して　　　　　　　　　　　　　　　　　太田　聡
音　楽　総合学習から音楽科への実践に向けて　　　森　美幸
美　術　BT や「情報の時間」による美術科の授業の変化について
　　　　　　　　　　　　　　　　　　　　　　　　西田諭史
保健体育　体育授業のこれからの実践的課題について　若宮隆洋
保健体育　考える力を養う体育の授業を目指して　　藤田範子
技術・家庭　技術の教科指導　　　　　　　　　　　島田拓哉
技術・家庭　授業内での思考ツールの活用について　杉村麻里子
英　語　英語の授業で考えさせる？　　　　　　　　林　秀樹
英　語　英語科における「主体的・対話的（協働的）で深い学び」と
　　　　の関連性　　　　　　　　　　　　　　　　増田とよ子
道　徳　探究的学習活動のプロセスをヒントにした道徳　七里広志
学校保健　「学校保健」と「本校の総合学習」の関わり　藤本理沙子

第5章　大人になっても残る授業 …………………………… 150
　BT の長期的な教育効果の検証　卒業生への質問紙調査
　聞き取り調査から見えること　調査からわかったこと

第6章　滋賀大学附属中学校の実践が投げかけること ……… 162
　35年続くアクティブ・ラーニング　生徒が自ら問いを立てる
　総合学習批判を越えて　国立大附属学校の改革論議
　大人にこそ必要な学び

付録　「びわ湖学習」「BIWAKO TIME」の変遷 ……………… 173

あとがき ………………………………………………… 都賀正樹 … 177

コラム

1 「情報の時間」のこれから…安谷正伸…39

2 「深い学び」を感じる瞬間に出会う生徒…原田雅史…71

3 本校での経験が教員に与える影響…久保加織…148

序　章　自ら考え，判断する子どもたち

　滋賀県の南部，びわ湖岸に位置する膳所地区に滋賀大学教育学部附属中学校（以下，本校）はある。創立は1947年で，「郷土を愛し世界へはばたく心豊かな生徒の育成」を教育目標にしている。国立大学の附属学校として，先進的な教育方法を研究し，教育実習生を受け入れ，教員の研修の場を提供し，地域のモデル校になる使命をもっている。

　全校生徒はおよそ350名（2018年度時点）。そのうちのほとんどはおなじ敷地内にある同附属小学校からの「内進生」で，各学年108名（2017年度入学生までは120名）のうち20名程度が外部から受験を経て本校に入ってくる。附属小から他の中学校に進学した児童の人数分を「外進生」が補う形になっている。

　本校は全国で2000年度から段階的に実施された「総合的な学習の時間」（以後，総合学習）を先駆的に行い，モデルを提供した学校として教育関係者のあいだでは知られている。現在，本校の総合学習は「BIWAKO TIME」（BT），「情報の時間」，「COMMUNICATION TIME」（CT）の三つの内容をもっている。それらの柱になっているのがBTである。

　BTの歴史は1983年にまでさかのぼる（付録参照）。当時はそれを「郷土学習（びわ湖と私たち）」とよんでいた。湖水の富栄養化や急激な都市化，伝統の消失といった大きな変化にびわ湖周辺がさらされていた時代であったため，当初からその学習内容に「環境」が組み込まれていた。

　現在のBTになったのは1994年度からだ。従来の郷土学習的な内容に，3年生の特設授業として行われていた「環境学習」「国際理解学習」を組

み入れて拡充したのがBTである。

　本校の総合学習でBTとおなじくらいの時間数をかけているのが，「情報の時間」である。現在の「情報の時間」の直接のルーツは，2007年度に開始した「情報科」にさかのぼる。2010—12年度には「教科等ならびに総合的な学習の時間における言語活用能力の向上を図るための，教科横断型「情報の時間」開設を核とした教育課程の研究開発」のテーマで文部科学省研究開発学校に指定され，それを機に「情報科」を改めて「情報の時間」を開設した。研究開発学校としての研究期間が終了してからは，内容を厳選して時間数を減らし，現在の形になっている。

　そのキーワードは「紙と鉛筆からはじめる情報教育」である。いわゆる「情報教育」がパソコン操作やインターネット検索にあまりに偏り過ぎていたことを反省し，情報の本質に近づきつつ中学生が身につけるべき「情報の取り扱い方」「情報とのつきあい方」を中心にカリキュラムを組んでいる。

　もちろん，パソコンやインターネットをまったく使わないのではなく，2年生のカリキュラムでは機器操作の時間が多い。しかしパソコンを使う教育は，情報機器の特性を知り，効果的かつ批判的に使いこなすことに比重を置いている。

　探究型の総合学習は，今日では他校でも多く取り入れられ，それぞれに教育効果をあげているので，それだけではもはや先進的とはいえない。本校の総合学習の特徴は，「情報の時間」で「情報の取り扱い方」「情報とのつきあい方」を身につけながら，BTの探究型学習を進めている点にある。生徒をいきなり調査研究の課題に放り込むのではなく，情報を集め，吟味し，批判し，加工し，論理的に発信するといった，情報社会の「お作法」を学ぶことに力を入れている。

　「情報の時間」で身につけることは，生徒たちにとって「学びのエンジン」になる。それがBTや後述するCT，さらには他の教科等の学習にも

序　章　自ら考え，判断する子どもたち

好影響をもたらしている。

　変化が起きたのは生徒の学びだけではない。BTや「情報の時間」を教えることを通して，教員もまた変わっていく。思考ツールなどのノウハウを活かして，教科の授業スタイルが変化していくのだ。BTと「情報の時間」の内容は，いま話題の「アクティブ・ラーニング」とも一致する。

　CTは，学級劇を作る過程を通してコミュニケーション能力を育てることを目指している。どのようにすれば伝えたいメッセージを他者に伝えることができるか，それを体験的に知るのに演劇は格好の場を提供してくれる。CTの授業進行に「情報の時間」での学びがからまり，またCTを通してできあがる生徒間の人間関係が，チーム作業を必要とするBT，さらには教科学習や学校生活のすべてによい効果をもつ。

　では，本校のこうした実践は，どのような教育効果をもたらしているのか，客観性のある評価も必要だ。そこで，中学校3年生を対象に一斉に行われる「全国学力・学習状況調査」（全国学力テスト）の結果をみてみよう。

　本校では，全国学力テストの結果についてもその一部を毎年刊行している研究紀要で公表している。全国学力テストの結果は，安易な「格付け」につながりやすいため，公表に積極的でない学校が圧倒的に多い。全国の国立大学附属中学校の紀要を片端からめくってみても，同テスト結果に触れた報告はほとんどみられない。その点で，本校の透明性・公開性は高い。

　全国学力テストには，知識や技能が身についているかをみるA問題と，知識や技能の活用力をみるB問題とがある。それらのうちB問題での無解答率が，全国平均とくらべて低いのが特徴だと本校では考えている。つまり，知識や技能をただ身につけているだけでなく，それを活用する場面において，本校の生徒は何とか自分なりの答えを出そうとしている。

　図0-1はそれぞれ2015年度の全国学力テストでの，B問題の正答率と無解答率を示している。すべての問題にわたって正答率が全国平均よりも

3

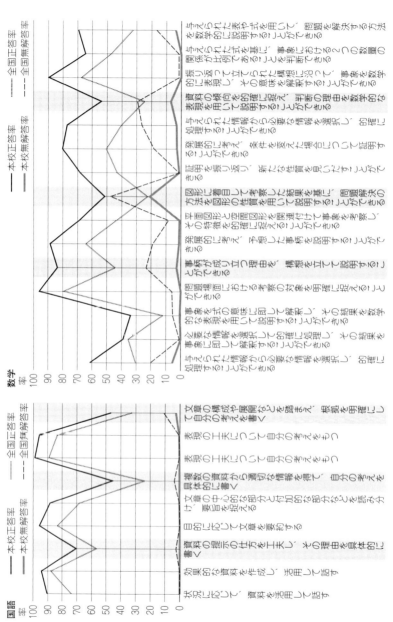

図0-1 2015年度全国学力テストB問題 正答・無解答率

序　章　自ら考え，判断する子どもたち

高いこともさることながら，全国的に無解答率が高い設問でも，本校では
その数値が低い。その傾向は，2012年度から継続してみられる。実はこう
した傾向は本校に特別なことではなく，本校と同様に総合学習に力を入れ
ている学校や地域に共通する特徴である［田村 2015］。

　B問題の無解答率が低いことについて，生徒たちはどういう問題に自分
なりの答えを出そうとしているのか，実際の設問でみてみよう。

　2015年度の全国学力テストでみると，国語のB問題では「資料の提示の
仕方を工夫し，その理由を具体的に書く」（設問1三），「複数の資料から
適切な情報を得て，自分の考えを具体的に書く」（設問2三），「文章の構
成や展開などを踏まえ，根拠を明確にして自分の考えを書く」（設問3三）
で，全国とくらべて本校の無解答率が低い。数学のB問題では，多くの設
問で無解答が少ない傾向がみられるのだが，あえて三つ取り出すならば
「事柄が成り立つ理由を，構想を立てて説明することができる」（設問2
（2）），「図形に着目して考察した結果を基に，問題解決の方法を図形の性
質を用いて説明することができる」（設問3（2）），「資料の傾向を的確に
捉え，判断の理由を数学的な表現を用いて説明することができる」（設問
5（2））に全国無解答率との大きな開きがある。

　数学のB問題の「設問5（2）」を具体例としてみてこう。落とし物調
査を15の学級で2回行った結果についての問題だ。生徒の拓也さんが作っ
た表と，優香さんのグラフが示され（図0‐2），こう尋ねている。

　二人は，調査結果について話し合っています。

拓也さん「落とし物の合計の平均値が20.3個から19.3個に減ったから，
　　　　　1回目よりも2回目の方が落とし物の状況はよくなったね。」
優香さん「でも，平均値だけで判断していいのかな。グラフ全体を見る
　　　　　と，よくなったとは言い切れないよ。」

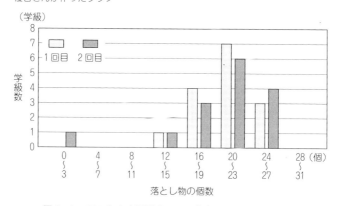

図 0-2 2015年度全国学力テスト数学B問題設問5（2）

　グラフを見ると，優香さんのように「1回目よりも2回目の方が落とし物の状況がよくなったとは言い切れない」と主張することもできます。そのように主張することができる理由を，優香さんが作ったグラフの1回目と2回目の調査結果を比較して説明しなさい。

　本設問は平均値だけで事象を解釈することの落とし穴に関するもので，本校では「情報の時間」の2年生の授業で生徒に考えさせてきたトピックでもある。この設問で本校の生徒の無解答率が全国平均を大きく下回ったのもうなずける。

　模範解答では，正答の条件として（a）2回目の調査結果では，落と

序　章　自ら考え，判断する子どもたち

物が極端に少ない学級があるから，平均値が下がっていること，（b）1学級を除くとグラフの形がほとんど変わっていないこと，最頻値が変わらないこと，中央値が含まれる階級が変わらないことのいずれか，（c）落とし物の個数が24個以上27個以下の学級が増えていること，以上のいずれかを指摘したうえで，（d）1回目の調査結果よりも2回目の調査結果の方が，必ずしもよくなったとは言い切れないこと，が書かれてあれば正答となっている［国立教育政策研究所 2015b］。本校の生徒は「情報の時間」で習ったことを思い出しさえすれば，難なく正しい答えを導くことができる。

正答率でみると，全国正答率は24％で本校は約55％だった。この種の設問では，主張の弱点をデータから批判的に答えようとする力が問われる。単純化された議論に引きずられず，データを使って自分の考えを論理的に伝えようとする力，それがいまの時代に必要な力だろう。

ここまで読んだだけでも，本校のBT，「情報の時間」，CTといった総合学習が生徒によい教育効果をもたらしている可能性を感じてもらえることだろう。とはいえ，保護者にとって気になることは，高校入試に出る教科の学習への効果はどうなのかだろう。総合学習などに時間を割くくらいなら，国・社・数・理・英の授業を増やすことに力を入れたほうが，進学に有利なのではないか？　教育に熱心な保護者であるならば，そう感じても不思議はない。

しかし本書を読み進めれば，それは杞憂だとわかるだろう。総合学習，なかでもBTと「情報の時間」で身につけた知識や技能が，教科の学習をより自発的で参加型のものに変える。そしてその影響は，生徒のみならず教員にも及ぶ。すなわち，BTや「情報の時間」を担当することを通して，教員の授業スタイルが変化していく姿がみられるのだ。その変化の方向性は，2020年度から実施される学習指導要領のキーワードである「主体的・対話的で深い学び」が目指すものとおなじである。

中学校は，義務教育の最終段階であり，国民が身につけるべき最低限の

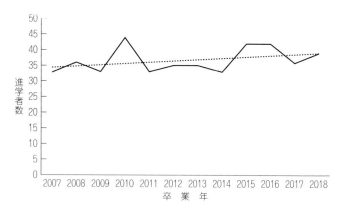

図0-3　本校から滋賀県立膳所高校への進学者数

教育をする場だ。中学校の教育は，少しでもよい高校に進学するためのものでは決してない。有名高校への進学率が高いとしても，そのための教育をしているのではないと強調しておきたい。

　それでもあえて謙虚さを捨てて，滋賀県一といってよい進学校である滋賀県立膳所高校への本校からの進学者数をみると，2015年と16年の卒業生では42名，じつに1学年3クラスのうち，まるまる1クラス分の生徒が同校に合格している。ここ10年ほどの傾向をみると，「情報の時間」の前身の「情報科」を3年間やった2010年卒業生のときに膳所高校進学者が飛躍的に伸び，全体としては徐々に増える傾向にある（図0-3）。また2015年卒業生が受けた入試から滋賀県の公立高校入試問題の出題傾向が変わり，記述式回答が増えたことが，BTや「情報の時間」のある本校の生徒にとっては有利になっていると思われる。

　こういうデータを示すと，「附属でしょ？　もともと頭のいい子ばっかりなんでしょ？」という反論が聞こえてきそうだ。たしかに，1学年のうち20人程度は，実質2〜3倍程度の競争率の試験を受けて入ってくる生徒である。

　冒頭で述べたとおり，本校の生徒の大半は附属小学校から進学してくる。

序　章　自ら考え，判断する子どもたち

では附属小の入学者はどうなのかというと，1学年105名（2017年卒業生までは120名）のうち80名は附属幼稚園から来ていて，残りの児童は学力試験と抽選を組み合わせた方式で選ばれている。附属幼稚園の入園選考も同様である。（ただし，附属小では2017年度入試からは抽選をやめている。）つまり，お勉強のできそうな子を，単純に上から順番に取っていたわけではない。

　本校の入試問題の傾向をみると，国語・社会で滋賀にちなんだ出題がされている。提示された資料から考えられる BT のテーマを答える問題や，「情報の時間」にかかわる出題も過去にはあった。教科の知識を身につけているかだけでなく，総合学習への適性も本校の生徒には求められているようだ。

　本校を参観してみればすぐに気がつくように，授業中に私語はほとんどないし，必要なしに立ち歩く生徒もほぼ皆無で，学習する心構えが生徒にできているのは確かだろう。その点が，ほかの公立校の雰囲気とは大きく違う。教育に熱心な家庭のご子息が多いことも感じとられる。生徒を取り巻くそうした環境作りに成功していることもまた，幼稚園・小学校からはじまる本校の教育の成果といえよう。

　名門高校への進学者数がさらに伸びているのは，本校のこれまでの教育実践の方向性がまちがいとはいえない，わかりやすい証左だろう。だが，放課後に進学塾に通う生徒が多いことも事実だし，教育の効果というものは，名門高校への進学率だけではなく，もっと長いタイム・スパンでみなければならないものだ。上の学校で，あるいは社会に出てから何かに行き詰まり，かつて教員からもらった一言や学校生活の一場面が活かされたときに，教育を受けたことの意義が立ち現れる。学校を卒業すれば終わりではなく，こうした長期的な教育効果についても追いつつ，本校で35年続く「すごい授業」を紹介したい。

9

参考文献

国立教育政策研究所　教育課程研究センター　2015a　『平成27年度全国学力・学習状況調査　解説資料　中学校国語』国立教育政策研究所教育課程研究センター，67頁。

国立教育政策研究所　教育課程研究センター　2015b　『平成27年度全国学力・学習状況調査　解説資料　中学校数学』国立教育政策研究所教育課程研究センター，114頁。

田村学　2015　『授業を磨く』東洋館出版社，48-49頁。

第1章　学びのエンジンを作る

きっかけ

　本書の著者のひとり，山田は教育学者ではなく情報学や日本文化の研究者である。そんな人間が，滋賀大学にも属さない部外者として，本校に関わってきた。わたしのような門外の者が，本校の教員らと本を書くことになったきっかけを，最初に述べておかなければなるまい。

　わたしは，『情報のみかた』（弘文堂）という本を2005年春に出版した。ある大学での1年生向けの教科書にするために，データ科学的な観点から人文学の対象に迫る方法を概観した本だった。本のうたい文句は，「小学生から読める，大学用テキスト」だった。実際に小学校卒業程度の国語力と算数力があれば読み進めることができるよう，書き方に工夫した本だった。

　2006年の夏か秋頃だったと思う。当時，本校の理科の教員だった澤田一彦先生と技術科の河野卓也先生が，京都市内にあるわたしの勤務先を訪ねて来られた。両先生は，これからの中学生に必要な情報教育のカリキュラムを検討しておられた。そんな折りに『情報のみかた』がお目に留まり，「これだ」との印象をもたれたそうだ。その本では，コンピュータを使うことだけが情報の勉強ではないことを，基本的な構えにしていた。おふたりはその点に強く共鳴してくださった。

　それから，わたしと本校とのお付き合いがはじまった。2007年2月に校内研究会に招かれ，「中学生に必要な情報のみかた」という題で講演をした。その当時の本校では，「情報生活科」という名称でパソコン活用や情

報倫理を中心にした授業が行われていた。当時は，情報関係の授業はそれが得意な一部の教員の担当，との意識が強く，わたしが話しはじめても「自分は関係ない」という態度を，あからさまにみせていた教員もいた。そんな彼らも，「情報の学習とはコンピュータを使うことではない」「自己と外界の情報のやりとりは生きることそのもの」「実技系科目のほうが，情報の授業にはよりよい場を提供してくれる」と話すと，みな前のめりになって耳を傾けてくれた。

　情報教育というと1980年代末のパソコン利用からはじまり，つぎにインターネット，そして電子黒板ときて，いまはタブレット端末が全盛だ。メーカーが提供するハードや技術に常に先導され，それらを使いこなすことが覚束ないままに時代が進むことに，教育の現場は振り回されてきた。加えて情報教育の専門家らは，子どもにプログラミングを教えることが重要だと力説してきた。そのせいばかりとはいえないが，義務教育の最終段階にある生徒に必要な情報教育とは，いったいどういうものであるべきなのかの根本的な議論は，いまだに熟していない。それが心ある教育関係者のあいだの，ある種のわだかまりにもなっている。2007年頃だったろうか，中学校の情報教育に関わるようになったことを，教育専門出版社の名物編集者に話したところ，「情報」といったとたんに彼女が顔をしかめたのを鮮烈に覚えている。

　最初に講演会に招かれたあとも，本校の校内研究会や教育関係者向けの研究授業とそれに伴う講演会，そして普段の授業にもわたしは時折足を運び，30年ぶりに中学校の空気を吸いながら，教員たちと意見を交わしてきた。2010—12年度に「教科等ならびに総合的な学習の時間における言語活用能力の向上を図るための，教科横断型「情報の時間」開設を核とした教育課程の研究開発」のテーマで本校が文部科学省研究開発学校に指定されたことも，わたしと本校との縁を深める大きな機会になった。

「情報の時間」ができるまで

　本校のいわゆる情報教育は，2000年度に「情報生活科」が設けられた頃から大きな流れがはじまった。学校に教育用のパソコンが導入され，2001年度には光ファイバーが接続されて高速インターネットを授業でも使えるようになった。当時の「情報生活科」では，情報を活用する資質や問題解決能力，身近な生活と情報の関わりについての正しい認識，情報倫理・マナーの教育を行っていた。

　しかし，パソコンとインターネットの導入とともに，生徒の「BIWA-KO TIME」（BT）への取り組みに変化が起きた。生徒が深く考えずにWebサイトの情報を丸写しにすること，演出は目を引くが論理的な筋道のない発表が目につくようになったこと，そしてそれらを批判的に見た質問や意見を出さなくなったことだった。いまインターネットで世界的に起きている現象を，本校では先取りして経験していたことになる。

　生徒のこうした変化を，当時の教員たちは深刻に考えた。そして2007年度には「情報生活科」を改革し，新しく「情報科」を設けた。批判的思考力・問題解決能力・問題発見能力を育成し，生徒の感性と論理的に考える力を高めることを目標に，文・理系双方を含む「総合情報学」に基づき，全教科の基底の知識・技能となる授業を模索した。「紙と鉛筆から始める情報教育」を旗印に，情報機器の取り扱いよりもむしろ「情報を正しく取り扱う」手法を教えはじめた。そうした時期に，わたしと本校のつながりができた。2007—09年度までのこの期間は，授業名こそ「情報科」だったが，いまの「情報の時間」につながる第Ⅰ期とよんでよいだろう。

　第Ⅰ期の取り組みが認められて，2010年度から3年間，先に触れた「教科横断型「情報の時間」」のテーマで，本校は文部科学省研究開発学校に指定された。次期の学習指導要領改訂をにらみつつ，中学校で行うべき情報教育の課程を開発する任務を負ったわけである。この3年間は「情報の時間」の第Ⅱ期と位置づけられる。

第Ⅱ期では，他の教科等の時数を削って，すべての学年で年間50時間（50分の授業を1時間と数える）が，3年間では学校全体で450時間が「情報の時間」にあてられた。そして「情報の時間」の教科書，学習指導要領案，評価基準，評価事例参考資料等を作成し，全国の教育関係者に発信した。

　この研究を通して，各種の思考ツールの有用性があきらかになった。教員が「情報の時間」を担当することで，自分の教科の授業でも自発的に思考ツールを使うようにもなった。生徒もまた，教員から言われなくても自ら思考ツールを使い，思考力や批判的な意見の表明力が向上した。目に見える効果としては，全国学力テストのB問題について，2012年度から無解答率が低下し，学力の底上げが確認できた〔滋賀大学教育学部附属中学校 2013〕。

　研究開発学校の指定が終わった2013年度から，「情報の時間」は年間50時間から20時間になった。その前年に改訂学習指導要領が完全実施されて，全国的に総合学習にあてる時間が大幅に縮減されたこと（いわゆる，「脱ゆとり教育」）も大きく影響している。そこで授業内容を全面的に見直して単元を厳選し，教育の質を落とさないよう工夫した。ここから現在までが「情報の時間」の第3期といえよう。

　またこの年から3年間は，国立教育政策研究所教育課程研究指定校になり，全校的に思考ツールの活用と「判断」の場面に重点を置いた教育に取り組んだ。時数が減少するなかで，「情報の時間」とBT・「COMMUNI-CATION TIME」（CT）との接続を意識し，効率的な授業展開を心がけた。思考ツールは各教科等にほぼ定着し，本校独自のツールも生まれた。

思考ツールの定着

　ここで，「情報の時間」にはじまり，BTをはじめとする授業実践でよく使われるようになった思考ツールのいくつかを，簡単に紹介しておく。

第1章　学びのエンジンを作る

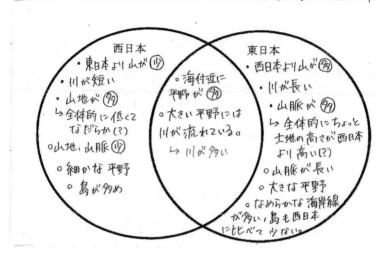

図1-1　ベン図の例（2年生社会科・生徒ノートより）

　最初は思考ツールの基本中の基本，ベン図である（図1-1）。「数ある思考ツールからひとつだけ残すとすればどれか？」と聞かれたら，それはベン図であると答えてよいほど使い道の多いツールである。
　ベン図の円は二つでも三つでもよい。基本はAとBを比較し，共通点を円の重なり部分に，相違点を重ならない部分に書き入れていく。どのような教科であっても複数の事柄を比較するときには，まずこれを使うことができる。
　つぎは，アイデアを広げていくときに使うイメージマップである。同心円の中心にテーマを書き，そこから想像できることを周囲に書き入れていく。たとえば「ブラックバスの繁殖」についてなら，「違法放流」「在来種の減少」「釣り客の増加」などと書いていくと，問題の要因を掘り下げながら整理できる。本校では国語科でこれを独自にアレンジした「読解マッ

15

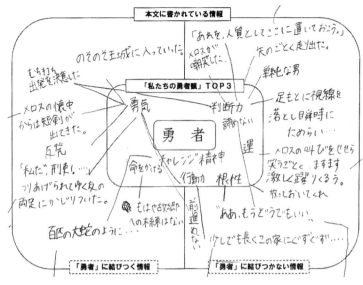

図1-2　国語科「走れメロス」の読解マップ［北村 2014］

プ」を開発した。「読解マップ」は，本文に沿いながら書き手を思い，対照的な情報を整理しながら自分の意見にたどり着くツールである（図1-2）。

　3番目は，物事をブレークダウンして考えるためのピラミッド・ストラクチャーである。BTに特化したアレンジを加えたものを図1-3に示す。ある仮説を立てたとして，それを立証するには何が言えるとよいか，そしてそれを裏付けるにはどんな資料が必要か書き入れていく。こうして論理の全体を俯瞰しながら，複数の情報源を比較したり，足りない視点を発見したりする。また，BTの研究計画をこの様式で統一することで，生徒間の意見交換が活発になり，教員によるチェックも容易になる。

　4番目は，逆ピラミッド・ストラクチャーである（図1-4）。ピラミッド・ストラクチャーが物事のブレークダウンであるのに対して，これはまとめあげのツールとして使う。これも本校の研究によって独自に開発した

第1章 学びのエンジンを作る

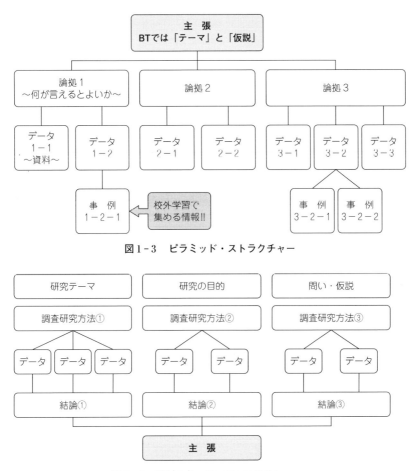

図1-3　ピラミッド・ストラクチャー

図1-4　逆ピラミッド・ストラクチャー

思考ツールだ。集めたデータからどういう結論が導けるのか，それがどういう主張につながるのか，そしてその主張が研究テーマ，研究の目的，問い・仮説と矛盾なくつながっているかを一目で確認することができる。

　これらのほかにもX・Y・Wチャート，フィッシュボーン，バタフライチャートなども多用している。本校で使っている思考ツールについてはす

でに書籍化もされているので，詳細はそちらに譲ることにする［田村・黒上 2014］。

「情報の時間」の目標と内容

　現在の「情報の時間」の教育目標と内容は，研究開発学校指定時の成果をほぼ踏襲している［滋賀大学教育学部附属中学校　2012］。ただし前述のように授業時間数が大幅に減っているので，内容は厳選したものが残っている。

　「情報の時間」の教育目標は，つぎの3点である。

　　① 実践的・体験的な活動を通して，情報を適切に取り扱う基礎的・基本的な知識・技能を習得する。
　　② 情報に関する多面的・多角的な見方や考え方を養う。
　　③ 生涯にわたって生きて働く情報活用能力を育てる。

　授業内容は，すべての学習の「学びのエンジン」になることと，BTやCT，さらには教科等の学習を円滑に進めるためのヒントとなることの二つの観点から選んでいる。

　第1は，「情報の活用と取り扱い」である。問題解決の基本的な考え方として，問題の発見，明確化，分析及び解決の方法を身につけ，問題解決の目的や状況に応じてこれらの方法を適切に選択することの重要性を考える。問題解決の過程と結果が適切かどうかを評価し，改善することの意義や重要性を理解する。さらに，情報の表現と伝達のために，手段や素材を適切に選択し利用する方法を身につけ，情報をわかりやすく表現し効率的に伝達できるようにする。また，問題解決におけるインターネットの活用法を身につけ，情報を共有することの有用性を理解する。

　第2は，「情報の本質的な理解」である。情報の特徴とメディアの意味

第1章　学びのエンジンを作る

表1-1　「情報の時間」単元一覧

情報の時間（20時間）		5時間×4単元
1年生（情報の見方）	2年生（情報の加工）	3年生（情報の生産）
1 アイデアを練ろう	5 データ量と情報量	9 論理的に理解しよう
2 分析しよう	6 データを集めよう	10 ネットワークと情報共有
3 発表しよう	7 データの活用	11 情報の本質について考えよう
4 メディアによる コミュニケーション	8 情報を表現しよう	12 これからの情報社会

を理解し，情報機器やインターネットなどを適切に活用できるようにする。そして，情報のデジタル化に関する基礎的な知識，情報機器の特徴と役割，情報をデジタルで扱うことの利点を理解する。

　第3は，「情報社会でのコミュニケーション」である。情報化が社会に及ぼす影響を考え，望ましい情報社会のあり方と，情報技術を適切に活用することの必要性を理解する。また，情報社会の安全とそれを支える情報技術の活用を理解し，安全性を高めるために個人がはたす役割と責任を考える。

　いずれの内容も，知識の獲得や作品制作に過度に偏ったものにならないよう注意し，作業や操作などを通じて情報の概念や本質に生徒が自ら気づき考えることに重点を置いている。そのために，ペアワークやグループワークを積極的に取り入れて，討議や発表をし合い，自分とは異なる考えに接するなかで考えを深められるようにしている。

　指導体制については，中心となって推進する教員を置きつつも，本校の全教員が協力して「情報の時間」を展開することが最大の特徴といえよう。そのさい，専門教科や学級担任など，教員の特性を活かせるよう配慮している。また，既習の内容であっても意図的に再度取り上げて，生徒の学習を確実なものにすることに努めている。

　ここからは「情報の時間」の詳細を紹介しよう。「情報の時間」では，

19

１年生は「情報の見方」，２年生は「情報の加工」，３年生は「情報の生産」をテーマにしている（表１-１）。各学年の内容は４単元（１単元は５時間）から成り，それぞれの単元をひとりの教員が担当する。教員にはそれぞれが専門とする教科があるので，教材は授業者のアイデアと得手・不得手に合わせて適宜入れ替えており，毎年まったくおなじ授業をしているわけではない。ここで紹介するのは，主として2015-17年度に行なわれた授業からの例である。

１年生「情報の見方」

　１年生の最初の単元は「アイデアを練ろう」だ。同時期に BT がはじまることから，BT でも使える思考ツールの習得を目指す。しかしいきなりツールの説明に入るまえに，ふだん自分たちはいかに常識に囚われたものの見方をしているかを，生徒に自覚させる教材を用意している。例として，「川の始まり」をイメージした絵を描かせる。そうするとたいていの生徒は，山に降った雨が小さな流れになる様子を描く。そこで教員は，アフリカで撮影された何枚かの「川の始まり」の写真をみせる。そこには，雨期になって上流に降った雨が，枯れた河道を蛇行しながら一気に流れてくる様子が写っている。日本で生活していると考えつかないような「川の始まり」があることを，生徒は理解する。また，一筆書きができる条件を求める「ケーニヒスベルクの橋」問題を使って，問いを一般化して解を導く練習をすることもある。どの教材を使うかは，その年に担当する教員が決めている。2017年度はこの部分を簡略化して思考ツールの時間を増やす試みもしている。

　つづいて思考ツールのうちのイメージマップ，ベン図，ピラミッド・ストラクチャーの基本的な使い方を学ぶ。イメージマップの学習では，BT のテーマを考える課題を与えて総合学習のあいだの接続を強めている。ベン図の学習では，アンデルセンの『人魚姫』とディズニーの『リトル・

マーメイド』の物語要素の共通点・相違点を見出す。そして，古典のアイデアを再利用することと著作権のことについても軽く触れる。

　つぎの単元は「分析しよう」である。わたしたちは，身の回りにあふれる情報を，意識せずに分析して判断している。例として，「今日の降水確率は50％。あなたはどんな準備をして外出しますか？」の問いに対して，自分の考えに理由をつけて答える。同級生の意見を聞いて，おなじ情報からでも異なる判断があることや，判断の観点に漏れや重なりが起こりやすいことを知る。

　つづいて，グループごとに紙飛行機を設計して飛距離を競うワークショップを行う。遠くに飛ばすために何が必要かを要素に分解してみる。そしてグループのアイデアを集約分類法であるKJ法でまとめあげ，実際に紙飛行機を作って飛距離を測定する。他のグループが飛ばす様子も観察して，良い点・悪い点を分析する。

　紙飛行機の教材は，理科の教員がこの単元を担当したときのものだ。国語教員のときは，プロ野球の阪神・巨人戦の試合結果などの時事ニュースを伝える複数の新聞を読みくらべて，各紙の強調点や立場を分析する授業だった。こちらのほうが教材としては定番といえるが，新聞の読み取りやベン図の作成に意外と手間取り，時間内に収めるのには苦労するようだ。

　第3の単元「発表しよう」では，わかりやすい発表とはどういうものかを学ぶ。生徒がペアを組んで，円や長方形など簡単な図形で描いた家やウサギなどのイラストについて一方の生徒が言葉で説明し，もう一方の生徒は聞いた説明を絵にしてみる。元の絵との落差を笑いながら，言葉による説明では伝える側と伝えられる側にどんな工夫が必要かを考える。

　つづいて，プロの情報伝達者であるニュース番組のアナウンサーの語り方をビデオでみて，最初に要点を話し，他の情報は整理して重要度や時系列の順番に話すことの大切さを知る。つぎに，身近な話題でニュース原稿を書き，グループで発表する。さらに，ニュースとプレゼンテーションの

共通点と相違点の理解をへて，このクラスの良さについてのグループ発表とお互いの評価を行う。これはクラス全体の自己肯定感を養う意味でも，よい授業になっている。また，発表方法の学習であってもパソコンは用いず，視覚資料は紙のフリップのみにして，発表の組み立てを考えることに重点をおいていることもポイントだろう。

　1年生の最後の単元は「メディアによるコミュニケーション」である。メディアによるコミュニケーションには単方向と双方向，1対1，1対多，多対1，そしてインターネットによってはじめて可能になった多対多の形があること，メディアの先には人がいること，メディアを使うときは相手のことを考えなければならないことを学ぶ。そして公衆電話機の変遷などを例に，テクノロジーによってメディアの機能・形態が絶えず変化していることにも触れる。

　また，コンピュータのアルゴリズムについても，この単元で少しだけ扱っている。パソコンでは，格子のマス目が灯っているか否かで画像を表現する。一定のルールを定めておけば画像が数字の列に変換でき，その逆もできることを情報圧縮アルゴリズムのランレングス法の原理を用いて学び，実際に数列から画像を復元してみる。またこの単元ではじめて，パソコンの基本操作を扱う。キーボードとマウス，日本語入力，フォルダとファイルの管理など，小学校の調べ学習などで学んでいることを強化し，活用できるようにする。

2年生「情報の加工」

　2年生ではパソコン・ソフトの操作実習が本格的にはじまる。

　最初の「データを集めよう」の単元では，「明日の学校の持ち物を準備する」「来週1週間で傘が必要な日数を知りたい」「外国で起こったデモの様子に興味がある」といったケースについて，それぞれどんなデータが必要かとそれを入手する方法を考える。そしてマスメディアから得るデータ

のメリット・デメリットを整理する。

　つづいてデジカメの基本操作を学び，校内の好きな場所を撮影してくる。そして写真にキャプションをつけるなどの加工を Word で行い，数人の生徒のまえで発表する。発表を聞いた生徒は，作品から受けた印象や受け取った情報，自分ならこの写真をどう加工してどんな情報を伝えるかをシートに記入して発表者に伝える。また，2017年度のこの単元では，BT の研究を進めるにはどんなメディアや対象から，どんなデータを集めたらよいかを考えることもしている。

　つぎは「データ量と情報量」である。この単元は「情報の時間」のなかでも，もっとも情報科学寄りの内容になっている。情報の基礎として重要だが伝え方が難しく，これを担当する教員が毎年独自の工夫を凝らしている単元でもある。

　まずデータと情報とは違うものだと説明する。単なる記号の羅列や画像はデータだが，そこに意味が備わると情報になる。たとえば，6桁の数字の並びはデータだが，それが宝くじの当選番号だとすると情報になる。

　つぎにコンピュータでは2進数でデータを扱っていることや，ビットとバイトの概念，デジタル表現とアナログ表現の相違にも触れる。さらにデータ量の多さと情報としてのインパクトは関係ないことを，一般紙とスポーツ紙の見出しやレイアウトから考える。また，平均値というデータがもつ一面性についても触れる。平均年収300万円のA社と500万円のB社のどちらに就職したいかという問いを投げかけ，分布や中央値，最頻値をみれば社員の典型的な年収はA社のほうが高い場合があることを理解する。

　つづく「情報を表現しよう」の単元では，伝わるプレゼンテーションの方法を学習する。小学校6年生や地域の人々を聴衆に想定して，本校のよさを伝えるプレゼンを作る。「伝わる」とは，理解してもらい，興味を引き，心にひびくことだとして，構成・表現・内容・話し方にどんなポイントがあるかを同心円マップで整理する。プレゼンには起承転結の構成があ

23

ることも学ぶ。PowerPoint の基本操作を習得し，紙スライド，模造紙，実物投影機（書画カメラ）と比較してそれぞれの長所・短所・適用する場面を整理する。そして各メディアの特質を理解するために，紙か Power-Point のスライド，模造紙，フリップ，実物のすべてを用いることを条件に，グループでプレゼンを作る。そして他グループのプレゼンをみて，伝えたいことが伝わっているかどうか，その理由，さらによくするための方法をシートに書き込む。

2 年生の最後の単元は，「データの活用」である。ここでは主として Excel の基本操作を学びながら，データの抽出や並べ替え，グラフ化が簡単に行えることを体験する。サンプルにするデータは，人気のあるゲームのキャラクターの特性など，生徒の関心を引く素材を選んでいる。

以上で，パソコンの 3 大ソフトともいえる Word，PowerPoint，Excel の基本をカバーする。ここで学んだ技能は，3 年生の BT で活用することができる。しかし技術を重視する立場からみれば，パソコンの操作を 1 年生でやっておけば，スキルの活用の機会がもっと増えるのではという意見もあろう。思考ツールなどに時間を割くよりもプログラミングを教えろという，情報科学サイドからの声も聞こえてきそうだ。

本校の「情報の時間」では，そうしたあまりに技術寄りの教育には，いまのところ与していない。アナログな紙と鉛筆を使って思考力と判断力を養い，情報の本質について考える時間をもつことが，中学生には必要だと考えている。ただし，プログラミング教育については，技術科の授業でカバーしていることをつけ加えておく。

3 年生「情報の生産」

1 年生の「情報の見方」，2 年生の「情報の加工」と進んできた授業は，3 年生の「情報の生産」で完結する。最初の単元は，「情報の時間」としては最重要の単元ともいえる「論理的に理解しよう」だ。まず物事を筋道

第1章　学びのエンジンを作る

立てて考える練習として，こんな論理パズルをやってみる。

　　赤と白の帽子が2つずつある。4人の人が前後1列に並んでいて，
　それぞれに帽子を被せる。自分の前にいる人たちの帽子の色を知るこ
　とができるが，後ろを振り返ってはいけない。ただし，一番後ろの人
　は目隠しをされていて，前3人の帽子の色はわからない。自分の帽子
　の色を正しく答えたら豪華賞品がもらえるが，間違えたら罰を受ける。
　ゲーム開始から30秒後に，ある人が自分の帽子の色を正しく答えた。
　そのひとは前から何番目の人だろうか。正しく答えることができた理
　由を，論理的に説明しよう。

　なかなかの難問だが，本校ではクラスで数人が正解を出す。正解は前か
ら2番目の人である。その理由は，まず4番目の人はほとんど情報が得ら
れないので除外する。もし1・2番目がおなじ色ならば，3番目の人はす
ぐに自分の色がわかる。この問題では3番目の人が30秒間も答えられずに
いるので，1・2番目が違う色だとわかる。したがって2番目は前の人と
違う色が自分の色だとわかる。
　つづいて，論理的な理解の落とし穴とその対策へと授業を進める。人は
否定的な情報に弱く，自分の仮説や主張に合う事柄ばかりに目が行き，そ
の反証を考えようとしない。これを認知心理学では確証バイアスとよぶ。
インターネットに流れる言説に，とてもよくみられる現象だ。
　このようなクイズで確証バイアスを学ぶ授業もやっている。

　　「あ」「4」「キ」「5」の4枚のカードがテーブルに置かれてある。
　「もしカードの片面が平仮名なら，その裏には偶数が書いてある」と
　いうルールが本当か確かめたい。このとき，少なくともどのカードを
　めくればいい？

25

表 1-2　MECE の「田の字表」

	日本に住む外国人	日本に住む日本人
犯罪者	A	B
非犯罪者	C	D

　これもまた難問だが，クラスの数人は理由をつけて正しく答える。素直に考えたら，「あ」をめくってみて裏が偶数ならルールは本当だと推測する。しかし，それだけでは重大な見落としがある。論理的には，「AならばB」の命題が真であるためには，その対偶にあたる「BでないならAでない」も成立しなければならない。したがって，「あ」の裏が偶数であることに加えて，「5」の裏が平仮名でないことも確認しなくてはならない。もし「5」の裏が平仮名ならば，それが反証になってしまうからだ。

　確証バイアスや対偶がわかったところで，MECE（ミーシー；Mutually Exclusive and Collectively Exhaustive）を説明する。MECE とは「もれなく重なりなく」考えることをいう。たとえば「日本に住む外国人に犯罪が多い」という人がいたとする。これを「日本に住む外国人」「日本に住む日本人」「犯罪者」「非犯罪者」に分けて「田の字表」で考えてみる（表1-2）。すると，この人は「田の字表」のAの部分だけを根拠なく断定していて，ABCD にそれぞれ何人いるのかを述べていないことがみえてくる。

　MECE だけでも物事の論理的な理解には有効だが，もれなく重なりなく考えるために，この単元では「分解の木」も教えている。「分解の木」とは，ある事柄の要因を分解して樹状の図に整理していくものだ。たとえば「びわ湖の水が汚くなってきた」要因には，水質の問題と浜辺の環境の問題とがある。水質の問題には，湖水そのものの要因と河川から流入する要因とがある。さらに前者の要因は，レジャー，富栄養化，低酸素化などがあり，後者には生活排水，工業廃水，農業排水，土砂の流入などがある。こうやって問題をもれなく重なりなく考える練習を積み，それを BT で応

用する。

　この単元の最後は論理的に意見を分析することと，論理的に反論することを学ぶ。意見の分析では，高校生と大学生とでアルバイトの時給に差があるのはおかしいという新聞投書と，当然だとする反論の投書を読みくらべる。それぞれの主張の理由づけとデータに見落としやゆがみがないかを考え，どちらの意見に賛同するかとその理由を論理的にまとめる。

　また，論理的な反論とは「Aである」に対して「Bである」と言うことではなく，「Aとは言えない」と述べることだと学ぶ。例として，「公園の池のコイにエサをあげてもよいのに，ハトにあげてはいけないのはおかしい」という小学生の意見に反論する。このようにAとBはおなじことだとして，「Aで肯定されることはBでも肯定される」とする論法を「類似からの議論」という。これに反論するには，類似を上回るほどの差違を指摘すればよい。「私は（　　）さんの主張に反対する。なぜなら，「　　」と「　　」には大きな違いがあるからである。その違いとは，第1に～～である。……から……は間違いだ。第2に，～～である。……から……は間違いだ」以上から，（　　）さんの論理は成り立たない」を「反論フォーマット」として示し，空欄を埋めていく。

　反論に備えるとは，「Aとは言えない」が成り立たないように，慎重に論理を組み立てることでもある。たとえば「街の若者は礼儀がなっていない」という主張は，街には礼儀正しい若者がいることを事実で示されたら簡単に崩れる。反論にあらかじめ答えておくためには，街には礼儀正しい若者は無視できるほどに少ないことを示すデータが必要になる。ちなみに礼儀正しい若者が街に「いない」ことを証明するのは難しい。だが，そういう難しい備えをする必要のないよう，「街の若者のなかには礼儀がなっていない者がいる」を主張にしておけば崩されにくい。こういったこともまた，論理的な表現の根幹である。

　つぎの単元は，「情報の本質について考えよう」だ。ここではまず，非

図1-5 グラフの印象操作の教材
（割合と面積が不一致，「FNN スーパーニュース」
2012年1月27日より）

言語的な情報伝達を考える。外食チェーン店の看板に使われている色合いや，スーパーの売り場で流れている販促ソングから受ける印象や効果を意識する。さらに例題として，クラスを二つに分けて別々の部屋で映像をみて，クラスに戻ってそれがどのようなものだったのかを語り合う。二つの映像は，ともにネコとワニがにらみ合う場面だったが，片方の映像はアップテンポのロック調の曲が，もう一方はゆるやかなリラックス系の音楽が被せられてある。当然，おなじ映像を見ていても，それに添えられた音によって印象はまるで違ってくる。ふたつのグループは，たったいま見てきたばかりの映像の印象がまったくかみ合わないことになり，「実は……」と教員が種明かしをする。また，この授業では言語に頼らない情報伝達の例としてピクトグラムも紹介する。

　メディア批判の視点は，この単元で繰り返して行う。新聞やテレビ・ニ

ュースで伝えられたグラフの例をあげて，そこにどのような印象操作がされていて結論がゆがめられているかを分析する（図1-5）。

実習として，自分がファストフード店の店長だと仮定して，客の回転率を上げるためにどのような情報発信をするかのプランを作る。また，滋賀県や本校を表現する新しいピクトグラムも考えてみる。

つづく「ネットワークと情報共有」の単元では，有料の新聞記事データベース・サービスを使ってみる。検索条件の絞り方などを学びながら，自分の気になるニュースやいま BT で取り組んでいるテーマに関する記事を検索してみる。そして，どうしてこのようなサービスが可能なのか，提供側にどのような準備が必要なのかを考える。

つぎにインターネット上のさまざまなサービスを調べて，それぞれ何ができるのか，それがなかった時代はどうしていたのか，BT で使えるものはあるか，なぜ無料で使えるのかを問う。さらに BT で使えるサービスに限定して，それぞれの良い点，不十分な点をみつける。また，オンライン・ストレージなどのクラウド・サービスで何ができるか，その得失と情報を共有することのメリットと気をつけることを考える。さらに，CT の学級劇を成功させることを目標に，人と人のつながりについても考える。

そして最後の単元である「これからの情報社会」で，3年間の「情報の時間」のまとめとなる。この単元ではまず，社会の情報化がここ30年ほどで驚くほど急速に進んだことを，情報機器やサービスの歴史で説明する。情報化時代においては情報が利益につながることの一例として，コンビニの POS レジで集められる情報で商品の仕入れや店内の商品配置を最適化していることを知る。また，現代人が大量の情報のなかで生活していることと，いつも使っているスマートフォンで何ができ，それで生活の何が変わったかを振り返る。そして将来のスマホにどんな機能が加わるか，自分たちが社会人になる将来に AI によって消えてしまう職業についても考える。

理解度と生徒の自己評価

「情報の時間」では，各単元の終了時に知識の理解度テストと生徒による授業評価を，マークシート方式で全生徒に課している［安谷 2017］。理解度テストは，各単元の代表的な内容について，5-6問程度の設問への正しい答えを選択する。授業評価については，以下の質問をしている。生徒はそれぞれについて「思う」「少しは思う」「あまり思わない」「全く思わない」の4段階で評価する。

　　・この学習の内容は理解できた。
　　・この学習の内容は答えの見えない問題を解決するのに役立つ。
　　・この学習の内容は BT で活用できる。
　　・この学習の内容は学級劇を作る上げる中（CT）で活用できる。
　　・この学習の内容は自分の考え方や発想の方法に影響を与えた。

2013—16年度にかけては，ほぼ同一の設問で調査しているため年度比較ができる。ここで各学年から特徴ある結果がみえる単元をひとつずつ選択して，「情報の時間」が成功している点や課題を探っていきたい。

最初は，1年生の最初に実施する「アイデアを練ろう」の授業評価と理解度である。この単元は思考ツールの基本的な使い方を習得し，またベン図を使って物語を比較することで著作権についても考える単元だ。図1-6にみられるように，授業評価も理解度問題の正答率もたいへん高い水準で各年度とも安定している。これは，内容が生徒に適しているとともに，授業者による差があまり出ない，良好な授業設計がなされていることをあらわしている。これが本校に思考ツールが定着した，ひとつの要因だともいえよう。

毎年改良が重ねられて内容が改善している例として，2年生の「データの活用」の単元の結果を紹介しよう。この単元は，データを操作しながら

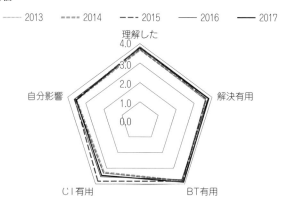

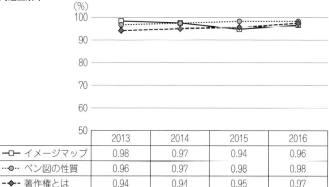

図1-6　1年生「アイデアを練ろう」の授業評価と理解度

Excelの基本を習得するものである。図1-7にみられるように，授業評価の結果を示すレーダーチャートは年々大きくなっている。理解度テストについては，伸び悩んでいる項目もあるものの，「データベース知識」と2014年度に導入した「データ管理の知識」は，正答率が飛躍的に上昇している。これは，Excelがもつ機能のうち中学生には難しい部分を思い切って授業からはずし，データをゲームキャラクターの特性という，生徒にと

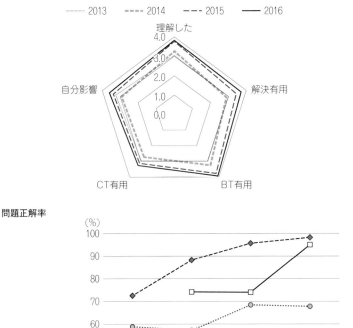

図1-7 2年生「データの活用」の授業評価と理解度

って馴染みやすいものに変えた工夫が奏功したものだろう。本校において教育方法の研究が着実に進んでいることの証にもなっている。

 一方で、教材選択の工夫が必ずしも奏功せず、教育効果が安定しない単元があるのも事実である。そのひとつが、3年生の「論理的に理解しよう」である（図1-8）。授業評価のレーダーチャートをみると、年度による振れが他の単元よりは大きい。しかし、学習内容を「理解した」とする

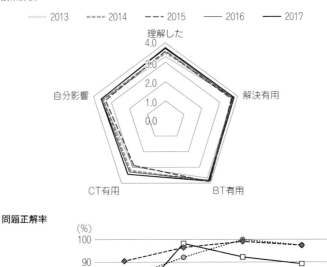

図1-8　3年生「論理的に理解しよう」の授業評価と理解度

生徒は，着実に年々増えてはいる。

　理解度テストの結果からは，とくに「MECEの意味」の理解について，年度による差が出ている。理解度テストでの設問はつぎのようなものである。

　「MECEの正しい意味は，次のうちどれか，一つだけ選びなさい」

- おおきく・ひろく
- もれなく・かさなりなく
- くわしく・ていねいに
- こまかく・つぶさに
- はやく・とおく

正解は「もれなく・かさなりなく」なのだが，これを「くわしく・ていねいに」や「こまかく・つぶさに」とする生徒が比較的多い。一方で，先ほども見たように単元全体として授業評価では「理解した」とする生徒が年々増えていることから，MECE も含めて授業のポイントは理解されているのだろう。

これらの調査から，授業改善のための基礎的なデータは得られている。「情報の時間」は固定した完成されたものとしてあるのではなく，評価データなどを見ながらよりよい授業にしていく努力をたえず行っている。その一方で，情報の世界には新しい課題も生まれている。インターネットにあふれるフェイク・ニュースをどう見破るのか，政治家や官僚による情報操作・印象操作とどう向き合うのかといった，世界共通ともいえる新しい問題も見据えて，「情報の時間」のカリキュラムの工夫をしていかなければならない状況に置かれている。

学級劇を作る CT

本校の総合学習には，BT と「情報の時間」に加えて，文化祭の学級劇を作る CT があり，これら三つの授業が絡み合って教育効果をあげている。ここで CT について，ごく簡単に紹介しておこう。

本校の文化祭での学級劇には，BT よりも長い40年以上の歴史がある。全学年の全 9 クラスがそれぞれの劇を作り上げて，秋の文化祭で 2 日間にわたって上演する。学級劇に力を入れているのは，劇を作り上げるなかで

第1章　学びのエンジンを作る

生徒のあいだでの意見の交流やときに衝突が起こり，それを乗り越えて短い期間でひとつの目標に向かって進むことに大きな教育効果を見出しているからだ。

　生徒のおよそ半分は，幼稚園からの幼なじみである。よく知り合った者同士なので，生徒は協力しやすいだろうと想像するのだが，実際はそうでもないようだ。人間関係が濃過ぎるがゆえに，かえって協力したがらないこともある。見知らぬ者が集まって劇を作るほうが，まだ楽なのかもしれない。そうした難しさを克服していくことに，本校のCTの意義がある。

　もちろん劇である以上，演者やスタッフのあいだだけでなく，それを見る観客とのあいだにもコミュニケーションが成立し，芝居を通して伝えたいことを伝えなければならない。それが「情報の時間」で教える，人と人のコミュニケーションの実践編にもなる。

　本校が文科省の研究開発学校になり，「情報の時間」の研究をはじめた2011年度に，「情報の時間」で学んだことを学級劇作りに活かす「情報学活」をスタートさせた。そこでは，1年生は伝わる表現を，2年生は観客が感動できる表現を，3年生は見せ場を考えて自分も観客も感動できる新たな表現を学ぶことを目標にした。学年が上がるにしたがって，要求されることは増えていく。上演時間は1年生は30分，2年生には40分，3年生には50分が与えられる。1年生は出来合いのシナリオを活用し，学年の進行とともに生徒のオリジナリティを求める指導をしている。指導はクラス担任がしているが，シナリオについては研究部の複数の教員が事前にチェックし，改善すべき点があればコメントを返す。

　生徒は監督・助監督といったリーダー役，主演・助演といった舞台で目立つ芸達者のほかにも，大道具や衣装の製作，舞台音響・照明などの役割を分担する。とりわけ，オープニングやエンディングの映像作りに力を入れているクラスが多い。これを担当する生徒は，CG製作に入れ込み過ぎてコンピュータ室に閉じこもりがちになるという課題も生じている。

表1-2　CTの年間指導計画（2016年度）

展開		時数		目標	内容
		1年生	2・3年生		
1次 題材	学級劇の目標を理解し，クラスとして何を伝えるのかと，劇の題材を決定する	0	0	CTや学級劇のねらいと取り組みを確認する	・学級代表者に対して，CTや学級劇の取り組みについてねらいや約束ごと（時間・テーマ）の説明を受け，各学級で伝える。（総合学習ガイダンス）
		1	1	学級劇の目標達成に欠かせない要素を考える	・スライドによるCTの学習意図の紹介。 ・ビデオによる過去の作品の紹介。 ・目標達成に必要な要素を挙げる。
		2	2	学級劇のテーマ・メッセージを決める	・どの様な劇がやりたいのか，クラスとして伝えるテーマ・メッセージを何にするのか，意見を出し合い，根拠を踏まえて発表させ，クラスの意見をまとめる。
		3 4	3 4	劇の題材を決定する	・文化祭実行委員の決定，夏休み中にシナリオ作成（2,3年生）。 ・夏休みの課題の確認。 ・夏休みの課題として，映画・演劇を各自で鑑賞させ，「心にひびく」要素を分析させる。（3年生）
2次 表現	目標を意識しながら，各役割・立場における生徒のコミュニケーションを通して劇の表現を工夫し，学級劇の質を向上させる	5	5	劇の役割分担をする	・文化祭実行委員から劇の流れの紹介。役割分担を決める。 （例）「幹部：演出／舞台監督／助監督」「照明」「音響」「映像」「大道具」「小道具」「キャスト」
		6 7	6 7	劇における役割ごとに工夫を考える	・過去の学級劇やプロの劇等を見て，劇におけるそれぞれの役割の工夫を探る。 ・学級劇に活かせることや取り入れたい要素について話し合う。 ・劇のクライマックスをどうしていくか検討する。
3次 実践	目標を達成できるよう，学級劇を立案し，練習や製作など具体的に実践する	8 9	8 9	各部門による提案・分析・改善をする各部門で準備をすすめる	・具体的な活動計画を立てる。 ・劇の取り組みや進行の再検討。 （2時間枠の初めに今日やることを各部門で確認，全体で交流） ・練習や製作など具体的な取り組み ・改善点の話し合い
		10 11	10 11		
		12 13	12 13		
		14	14 15		
		学 学	学 学	リハーサル	・リハーサルを行い，最終確認をする。
4次 発表	学級劇を実演，鑑賞する（文化祭）	15-24	16-25	学級劇を実演したり，鑑賞したりする	・学級劇本番 ・各クラスの学級劇を鑑賞する。
5次 振り返り	目標が達成できていたか分析をし，評価をする	25	26	振り返る	・自分たちの学級劇のビデオを視聴し，目標が達成できていたか振り返る。 ・身についたコミュニケーション能力を振り返る。

第1章 学びのエンジンを作る

図1-9　文化祭での学級劇を終えての挨拶

　CTがいまの形になったのは，2013年度に研究開発学校指定が終わってからだ。「情報の時間」を再編し，「情報学活」を年間25—26時間のCTにして総合学習の3本柱に加えた（表1-2）。「情報の時間」と連携して，劇作りに思考ツールを用いたアイデアの分析・整理をし，意見交流を行っている。また，文化庁の助成事業を活用して，プロの劇団のワークショップに生徒数名を派遣したり，観劇を行ったりして劇の質の向上につながるヒントを生徒が得られるようにもしている。

　CTに「情報の時間」での学びを取り入れるようになってから，脚本作りが効率化し，決められた上演時間を超過するクラスや，メッセージが伝わらない散漫な表現が減ってきたとの実感を教員らはもっている。しかしそれはまだ抽象的な印象に留まっている。CTでどのような力を生徒に身につけさせたいのか，そのためにはどのような手段・方法を取ればよいのかなどについて，まだ研究は途上にある［北村 2017］。

参考文献

北村拓也　2014　「国語2年生　読解マップ『太宰治の勇者観に迫る』〜走れメロス〜」田村学・黒上晴夫『こうすれば考える力がつく！　中学校　思考ツール』小学館，40頁。

北村拓也　2017　「表現する力を磨く探究的学習活動『COMMUNICATION TIME』」『平成28年度（2016年度）研究紀要』第59集，滋賀大学教育学部附属中学校，120-123頁。

滋賀大学教育学部附属中学校　2012　『中学校学習指導要領ならびに評価基準の作成，評価方法等の工夫改善のための参考資料【中学校　情報の時間】（試案）』滋賀大学教育学部附属中学校。

滋賀大学教育学部附属中学校　2013　『平成24年度　研究開発実施報告書—第3年次—』滋賀大学教育学部附属中学校，18頁。

田村学・黒上晴夫　2014　『こうすれば考える力がつく！　中学校　思考ツール』小学館。

安谷元伸　2017　「論理的思考を学び，実践する場としての「情報の時間」の授業評価」『平成28年度（2016年度）研究紀要』第59集，滋賀大学教育学部附属中学校，136-143頁。

コラム1

「情報の時間」のこれから

安谷元伸（四条畷学園短期大学専任講師，「情報の時間」担当・元非常勤講師）

　2007年度に「情報科」（「情報の時間」）の前身を生み出した教員たちが目指した
もののひとつがパソコン教育からの脱却であった。1990年代にパソコンはコマンド
入力からマウス操作へ，ネットワーク接続はパソコン通信からインターネットに変
容した。その結果，専門的な知識がなくても利用できる便利なメディアとして，学
校教育でも影響力を持つ存在となった。そして，情報教育が即ちパソコン教育とし
て認識される風潮が散見されるに至り，本来の情報教育が担うべき内容は希薄化し
た。そんな危機感を抱いて中学校の情報教育の在り方を模索していた本校の教員数
人が山田先生の書に感銘を受け，パソコンの操作・習熟教育とは異なる情報教育を
創り出すことを目指した。携帯電話やインターネットの依存や情報モラル的な内容
を注意や禁止をもって授業に臨むのではなく，「考えさせる」状況を生み出すこと
で，日常的行動にも影響を与える学習を意図し知恵を寄せ合い内容を構築した。そ
れが今も継続する「情報の時間」の始まりだったのである。
　現在，生徒の持つ機器類の多くはインターネットに接続できる。検索される内容
は大人には想像がつかないものさえ見られ，得られる知識は善良なもの，弊害のあ
るもの，どちらにもなり得るものと千差万別である。ただ，特徴として，見る意思
があれば誰しもが見ることができる環境の存在が挙げられる。検索エンジンの進歩
により情報検索に難しい技能は必要なくなった。そのような環境の実現によって，
大人では見つけられない情報源を見出し，SNSを通じたやりとりで背後関係の把
握さえ難しくなった生徒たちと，教員は相対することになったのである。そのよう
な生徒らが学ぶ情報教育については，一人の教員だけで担うことは不可能と感じさ
せる面が垣間見えていないだろうか。コンピュータなど特定の分野において，大人
の追随を許さないほど堪能な生徒たちの姿に，知識や技能で教員が太刀打ち出来な
い実態さえ見られる。そんな状況を鑑みた時，中学校段階で適切な情報教育を生み
出すためには，生徒の状況を知る教員の英知を結集させる必要があった。そうしな
ければ，教え込み学習や単純な禁止教育，パソコン操作偏重の学習に陥らない内容
から成り立ち，生徒に「考えさせる」ことを主体とする情報教育を構築できなかっ
たのである。
　各教員が日常生活で扱う情報機器の経験や知識は年代や性別により異なる。また，

学校現場においても，教科の違いにより扱う情報や視点，利用するメディアも異なっている。この多様性こそが，生徒たちに「考えさせる」情報教育を進める上で必要と考えたのである。それゆえに，「情報の時間」は教科横断型の学習時間として構成することに重きを置いた。しかし，その実現に際しては順風でなく，「情報の時間」（旧・情報科）を開始した当初は内容が全教科で有用となると説明しても，自分自身の専門でないことによって生じる負担と不安から批判的な意見や必要性を疑問視する教員も少なくなかった。それでも，各教員が有する優れた見識，視点，経験などの情報教育の断片をパズルのピースのように合わせて成り立つ「情報の時間」の各単元を実際に担当したことで，教科の学習にも成果を活用できる体験と手応えが重ねられ，取り組みを続ける環境が成立していった。「情報の時間」は開設の音頭を取る者はいたものの，学習の内容は多くの教員が関わることで更新と精選が進められてきたのである。

　生徒を取り巻く環境は「情報科」を開始した2007年頃と比較して大きく変化している。加えて，生まれる以前からインターネット等が存在する生徒の感覚と，無かった時代を知る教員の感覚の相違も拡大していると指摘できる。「無い状態」を知るが故に持ちうる意識や常識をベースとした情報教育の展開では，生徒の理解を得ることが難しくなっている。それを見越した情報教育の在り方が求められるからこそ，多様な感覚を内包する「情報の時間」はそのような学びのひとつのモデルになると考える。「情報の時間」に10年以上取り組んでいるのは附属学校の使命感や学校環境もあるが，「情報」という存在が教科の思惑を超えて交流が行える学習であったことが大きい。また，「情報の時間」が教員の協働による教科横断的な学びとして創り出せたこと，関わった教員に自身の担当教科に新しい視点をもたらす機会となったことなども挙げられる。これらの背景から，今後も「情報の時間」は継続していくが，学習内容は臨機応変にカタチを変え続けていくと考えられる。一方，情報の見方・扱い方を学び，生徒に考えさせる機会を与える時間という立ち位置は変わらない。それらが「情報の時間」の根幹であり継続する理由となるからである。そのため，これからも新任教員や若い教員が「情報の時間」を担う体験や創造に関わる経験を重ね，自身の教科にも影響を及ぼすことで「情報の時間」の内容の発展や変容が促され，学びの螺旋は続いていくものと信じている。

第2章　びわ湖から「学び方」を学ぶ

|BIWAKO TIME」とはどんな授業か

　「そのグラフはパーセントしか書いていませんが，何人に聞いたアンケートですか？」

　発表会で報告を終えたグループに，生徒から質問が飛ぶ。また別のグループは，最初に立てた仮説が誤りだったことに気づき，仮説を立て直したと正直に報告する。それを聞いていた生徒からは，仮説を変えたことを評価するコメントが出る。本校で35年以上続く，「BIWAKO TIME」(BT)の「調査研究交流会」での一場面だ。
　BTでは，びわ湖や滋賀県をフィールドとして，生徒が自ら設定したテーマで，生きた学び方を身につける。学年や学級，性別を越えた学習グループを作って，探究型の学習活動を行う。生徒はBTを通して，びわ湖から「学び方」を学ぶ。
　本校のBTでは，その目標をつぎのように掲げている。

　（1）郷土の姿や社会の姿を追求する中で，確かな「学び方」を身につけよう。
　（2）郷土の現状を正しく認識し，私たちの現在，未来の生活をよりよく創造していこうとする態度を身につけよう。
　（3）学年の枠を越えた学習グループでの活動を通じて，仲間との協

力・連帯の姿勢を育てよう。

さらに，学年ごとの目標もつぎのように定めている。

1年生の目標
○自主的・自発的を意識し，先輩方と協力し，先輩方から学ぶ態度を大切に取り組もう。
○「課題の発見」→「課題の解決」→「自己評価」という学びのプロセスを体験し，考え方や学習の方法を身につけよう。

2年生の目標
○前年度の学習をもとに，後輩を教え，学習グループ内の中心的な存在として積極的な姿勢で学習に取り組もう。
○さまざま分野にかかわる研究での課題の見つけ方や探り方の技能を習得し，多角的なものの見方や考え方を身につけよう。

3年生の目標
○1・2年生での学習をもとに，学習グループ内のリーダーとしてグループの活動を指揮しよう。
○郷土・琵琶湖についての認識を深め，先人たちの残してくれた宝物をいつまでも大切に守り育て，滋賀に息づく文化とともに次の世代に引き継いでいく意欲や態度を身につけよう。

　目標だけみると，よくある郷土学習に見えるが，内容は実践的で生徒が自主的に動くことを促す仕掛けが幾重にもしてある。たとえば，種々の思考ツールをふんだんに使って，自分が何に興味があるのかの考えをまとめやすくしている。関心の近い生徒を，学年と性別のバランスをみながら集め，6名程度の学習グループを教員が編成する。さらに関心の近い学習グループをできる限りおなじ教室（ベースルーム）に集め，担当の教員が生

42

第2章　びわ湖から「学び方」を学ぶ

徒の活動に助言する。

　本校のBTを視察した他校の教員が，まず驚くのがこの異学年合同の原則だ。公立校では，授業で異学年が接触する機会はほとんどない。というよりも，下級生を上級生になるべく近づけないようにしている学校もある。上級生のよい面だけならともかく，やんちゃな面までが下級生に伝わってしまうことを，教員は恐れている。

　本校では幸い，そんな心配はない。下級生が上級生に意見することが珍しくないし，言うことを聞かない下級生に上級生は手を焼くこともあるようだ。

　グループの研究テーマを決める日，生徒は付箋紙に書いたアイデアをボードに貼ったり動かしたりしながら，盛んに意見を交わす。グループで作業机に留まっているだけではない。他のベースルームも回りながら「○○を知っていますか？」「△△をよくするには，どうすればいいと思いますか？」と，仮説を作るためのアンケート調査をする。そして，問い・研究テーマ・仮説をはっきりとさせ，仮説を論証するのに何が言えるとよいか，そのために必要なデータ・事例，それらの調べ方を「ピラミッド・ストラクチャー」に落とし込む。ベースルーム担当教員がそれをみて，OKが出たら研究開始となる。

　とはいっても，いまどきのことなので，ネットを検索すればたいていの情報は手に入るし，専門家が出した答えもみつかる。それに先輩が残した研究ファイルを探せば，似たようなことを探究した例はある。

　ネットで調べることも，先輩のファイルをみることも禁じてはいないが，それだけで結果をまとめないよう指導している。ネットには虚偽の情報があふれているし，先輩の成果にもまちがいはある。自分たちで実験する，調査する，専門家の話を聞くなどの校外活動をして，生徒が生の情報に触れることが大切だ。それがないと，ネットにある情報や先輩の残した成果に疑問をもつ姿勢が失われてしまう。

43

校外活動は夏休みの前後に行う。専門家を訪問するならば，先方への協力要請，アポ取り，事後の礼状書きまで，教員の助言を得ながら生徒がする。専門機関から資料を送ってもらうときも同様だ。そうしたことを通して，社会人としての振る舞いの基本を実践的に学ぶ。本校では職場体験を行っていないため，校外活動による訪問がそれに替わるものの一部になっている。ネット検索ではなく，大人である他者と交渉しながら自分の足で得た生の情報の値打ちを，生徒は自ずと感じ取る。そこには社会に積極的に参画する市民になるための「生きた学び」がある。

発表会の様子

　ここで，BT の最終段階に行われる研究成果の発表会で，生徒がどんな発表をしているのか，いくつか紹介しておこう。

　「ヨシで水をきれいにするには」に取り組んだ，2015年度のグループがある。びわ湖岸にかつて群生していたヨシの水質浄化能力について学習し，水質改善のための方法を論理的に主張する発表である。生徒たちは本とインターネット，そして滋賀県立琵琶湖博物館の学芸員を訪問して得た情報から，びわ湖のヨシ原の面積が1992年には1953年の半分ほどに減ったこと，そして現在は復活する傾向にあることを模造紙に描いたグラフでみせた。そして水草の種類を示しながら，それらと比較しつつヨシの浄化能力をわかりやすく図解し，びわ湖の水質改善にはヨシを増やすことが有効なことを説得した（図2-1）。それと同時に，浄化能力を高めるためにはヨシ刈りが必要なのだが，手間がかかることと，刈ったヨシの利用方法がないためにそれをやらない地域が増えていることも報告した。結論として，ヨシ原の手入れやヨシ製品の普及に協力していくべきだと主張した。データと理由づけがはっきりしていて，しかも中学生にもできることを論理的に主張している点が秀逸だ。

　「New 和菓子〜滋賀の和菓子に“＋”するべきものとは……？！」の

第2章 びわ湖から「学び方」を学ぶ

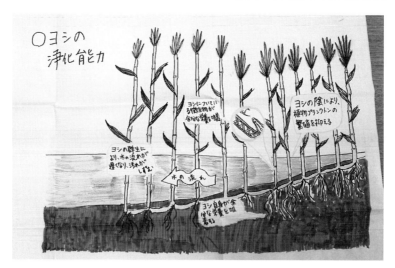

図2-1　ヨシの浄化能力の発表

　テーマに取り組んだ2013年度のグループは，滋賀の和菓子が京都の「八ッ橋」や広島の「紅葉饅頭」のように「進化」しない理由を探った。まず全校アンケートの結果，滋賀県草津市の「姥が餅」を食べたことがある人は全体の40％であるのに対して，「八ッ橋」では89％にのぼることを紹介した。アンケートで得られた意見をもとに，滋賀の和菓子が変わらないのは，今はまだ消費者のニーズを満たしているからだろうとの仮説を立てた。そして「姥が餅」と「八ッ橋」の製造元を訪ねて知った歴史と店の思いを模造紙でみせ，前者は伝統を守る意識が強く，後者は消費者の変わっていくニーズに応える姿勢が強いことを紹介した。そして，古くから新奇を好む観光客が多い京都と，旅の中継地にあって「変わらない味」を大事にしてきた滋賀との歴史的・地理的な違いに気づき，「滋賀の和菓子は進化できないのではなく，あえて進化していない」との結論を出した。
　中学生がやる研究なので，発表会に出てくるものは，研究のプロセスと結果がきれいにまとまったものばかりではない。実験はしてみたが，それ

と導きたい結果とがうまくつながっていない発表もある。びわ湖の北湖（琵琶湖大橋よりも北側）と南湖（同南側）との水質の違いとその原因を探ろうとした，2012年度のグループがある。北湖と南湖で水を採取してきて，化学的酸素要求量（COD）とリン酸濃度を測定した結果，CODの値からは南湖のほうが汚いと判断されるがリン酸はどちらからも検出されなかった。その結果からグループは，北湖は水深があるので湖水が循環して水がきれいになるが，南湖は周辺の人口が多く汚れやすいが水深が浅いため，循環が起こらず汚れが湖底に貯まっていると結論づけた。残念ながら根拠と結論が論理的につながっておらず，そのことを教員から指摘されることとなった。

　BTで取り組まれる課題には，調査研究の結果を言葉で発表するだけでなく，作品の製作にまで結びつけるものもある。そんなタイプの研究として「ゆるキャラの秘密にせまる‼」を紹介しよう。滋賀は全国的なゆるキャラブームを先導した「ひこにゃん」が誕生した県でもある。このグループは「どんなゆるキャラが売れるのか」を問いに立て，最初にゆるキャラの顔を構成する目・口・頬のパターンをいくつか示して，それぞれどの形がかわいいと思うかの全校アンケートを実施した。そして，アンケートで選ばれた目・口・頬を組み合わせた顔を模造紙によるプレゼンでみせた。そこからさらに，滋賀大学でゆるキャラを研究しているゼミを訪問して得られた情報として，キャラクター制作のポイントと，市場分析から製品設計・生産・製品ライフサイクル管理にいたる製品流通のしくみを紹介した。最終結論として，「幼顔，二頭身，眉がない，線が太い，着ぐるみにしたさいに体型が出ない」がゆるキャラの特徴と考え，「BTのゆるキャラ」として「せじみん」「ベンなま～ず」（図2-2）を発表した。びわ湖特産の「瀬田シジミ」「ビワコオオナマズ」と，思考ツールの「ベン図」を組み合わせたものだ。この「せじみん」「ベンなま～ず」は翌年からのBTワークブックに掲載されつづけている。

46

第2章 びわ湖から「学び方」を学ぶ

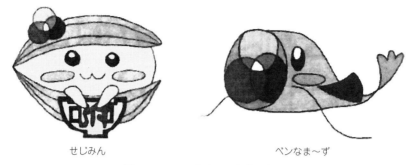

　　　　せじみん　　　　　　　　　　ベンなま〜ず
　　　　　図2-2　BTから生まれたゆるキャラ

質疑応答

　発表会では，各グループの発表のあとに会場にいる生徒・教員との質疑応答がある。そこでどんな質疑が行われているのか，紙上で再現してみよう。

　2016年度の発表会で，信楽焼の狸について調べたグループがある。研究の動機を説明する部分で，県民がみた滋賀県のイメージについてのアンケート集計データを紹介した。そのグループはいくつかある選択肢を回答数の降順に並べ替えたうえで，折れ線グラフにしてあった。その点に疑問を感じた会場の男子生徒が挙手をした。

　　質問者：「そのアンケート結果で，棒グラフでなくて折れ線グラフで
　　　　　　まとめてる理由て何ですか？」
　　発表者：（しばらく考えた末，苦笑いしながら）「とくにないです。」
　　司会教員：（質問者に近づきながら）「○○君，何か感じたことありま
　　　　　　すか？」
　　質問者：「点（各選択肢の回答数）と点のあいだが直線になってま
　　　　　　す。」

47

このやり取りを受けて，この場合は事象の変化を表す折れ線グラフよりも，項目間の比較を表す棒グラフのほうが適していることを，司会の教員が全員に説明した。壇上の生徒たちにはやや酷な場面ではあったが，こういう経験をしておくと，彼らはおなじようなミスを繰り返すことはないだろう。

　2013年度の領域別発表会では，中国から飛来するPM2.5の問題を研究したグループがあった。中国のPM2.5のレベルは日本の1960年代の高度成長期とおなじレベルだと報告した。また滋賀県は山で囲まれているため，汚染物質が飛来しにくく，データの面でも濃度が低いことが裏づけられることも示した。この発表にはこんな質疑があった。

　　質問者Ａ：1960年代の日本はどういう対策をしたのですか？
　　発表者：PM2.5とかを取り除くフィルターとかが開発されて，工場
　　　　　　から排出される量が少なくなりました。
　　質問者Ｂ：その対策をいま中国はしているのですか？
　　発表者：先週ぐらいに東京に日本と中国の関係者が集まって会議をし
　　　　　　て，日本が持っている技術と装置を使わせてくれないかという
　　　　　　ことで，いま協議が進んでいます。

　このグループは，研究を進めるなかで最新のニュースもチェックしていたことがわかる。発表会の報告からはわからない部分でも，生徒たちは広く深い学びをしている。

　おなじ2013年度にびわ湖の外来魚の問題を研究したグループは，びわ湖の気温や水質の悪さが外来魚（ブラックバス，ブルーギル）にとって，原産地である北米のきれいな湖よりも住みやすい環境になっているとまとめた。質疑になると，発表の論理的な弱さを突く質問がすぐに出た。

第2章 びわ湖から「学び方」を学ぶ

図2-3 ベースルームごとの発表会

質問者A：北米の湖はきれいだってことで，ブラックバスとかの数は
　　　　 もともとは少なかったんですか，そっちでは？
発表者A：もともと，ふつうに住んでいたようです。
質問者A：ふつうに住めるんですか？
発表者A：はい，住めます。
質問者A：びわ湖の水をもっときれいにしたら，外来魚の数は減るん
　　　　 ですか？
発表者A：(しばらくグループで相談して) 汚い水を好んでいるんで，
　　　　 そうすれば減るかもしれません。
質問者B：なぜブラックバスは汚い水のほうがいいんですか？
発表者A：きれいすぎたら，[いることが] わかりやすくて人とかに
　　　　 すぐ捕まっちゃうじゃないですか。

49

司会教員：はい，みんなで共有して。（教室中でしばらく相談）
発表者Ｂ：（歯切れ悪そうに）ブルーギルとかは，北米の湖からびわ
　　　　　湖にやってきて，その北米の湖のところも汚かったんです。
聴衆の生徒：［北米の湖は］きれいっていったじゃない。（教室中笑い）

　こうした質問は中学生としては高度で，本校でBTを行ってきた意義は，
このレベルの思考力・判断力に生徒を導くことにある。しかしBTのもっ
とも大切な教育目標は「学び方を学ぶ」ことにある。その点も達成されて
いることは，2014年度のまとめの集会で，ある女子生徒がマイクを持って
語ったつぎの言葉に表れている。

　わたしたちは，調べたことを結果として［そのまま］扱ってたんです
　けど，代表グループさんとかは，調べてそれを自分の考えたことと比
　較して，それからまた調べるっていう深い調査をしてたから，すご
　い見習いたかったなって思いました。

BT の略史

　30年以上の時間をかけてBTが現在の形になるまでの歴史を，ここでご
く簡単に振り返っておこう（付録参照）。本校が総合学習の推進に舵を切っ
たのは，公になっている記録が残っている範囲では1970年代なかばのこと
である。その頃から日本の教育界では知育偏重，進学一辺倒，本人の興味
や適性よりも偏差値を重視して進路を決める「輪切り教育」が問題になっ
ていた。そうした教育では生徒の特性を活かせず個々の創造性を発揮させ
られないと，当時の本校の教員らは危機感をもっていた。それに対応する
べく，学年枠をはずして自主的な課題研究に取り組み，教員は必要に応じ
て助言するだけの学習を1980年度に開始した。現在のBTの骨格はここか
ら引き継がれている。

50

第2章　びわ湖から「学び方」を学ぶ

　そして1982年度から3年間，「基礎的な学力の一層の定着を図り，創造的知性を育てる教育課程の実践研究」で文部省の研究開発学校に指定された。そのなかで教育課程を教科学習と総合学習にわけ，後者を明確に位置づけた。自主的・主体的な学習や正しい判断力と実践力を醸成するために，教室の枠を取り払い自由度の高い学習を設定する提案が，本校からなされたわけである。

　BTの前身の郷土学習としての「びわ湖学習」は1983年度後半からはじまった。教科学習の時間を削ってまで経験のないカリキュラムに足を踏み出すのには，教員のあいだに抵抗があったようだ。それでも当時の教員の数とおなじ18のテーマ別分科会を設定し，全教員が「びわ湖学習」に関わる体制を作り，生徒と共に学ぶのだという姿勢でスタートを切った。

　1985年度からは1年生を対象にした「基礎講座」を開いたり，メディア講習会を取り入れたりした。1994年度には国際理解学習と合体させて「BI-WAKO TIME」の名称になり，1997年には再び環境・郷土にフォーカスした学習に戻し，この間，分科会の数も増減した。そうした変遷はあっても，異学年混成と自主的・主体的学習の根幹は変わらずに続いた。

　そんななか，1998年7月に教育課程審議会の答申が出され，2000年度から「総合的な学習の時間」が小学校から高校までの全校で実施されることになった。本校の取り組みなどによって，その有効性が確認されたことが，そうした動きを後押ししたとみている。

　1991年に本校が出版した『選択履修と総合学習の新しい展開』[滋賀大学教育学部附属中学校　1991]に掲載されている「びわ湖学習」の学習展開をいまのBTとくらべてみると，つぎの3点に深化と時代の変化が感じられる。

　第1に，テーマ設定の手法が決定的に深化している。1991年当時は教員の指導可能な分野に分科会があらかじめ設定されていて，生徒がどこに属したいかの希望を出していた。またグループのテーマ設定や研究計画作成

51

にノウハウらしいものがみられず，論理的な筋道を立てたうえで研究を進めるには，教員と生徒の力量が頼みだったと思われる。現在のBTでは，テーマ設定は教員の都合よりも生徒の自主性を重んじているし，思考ツールを使って論理の破綻を予防するノウハウが蓄えられている。

第2に，1991年はまだインターネットが本校でも個人でも使えない時代だったので，図書館やインタビューが情報収集の主な手段だった。功罪はあるにしても，現在は校内で入手できる情報が格段に多くなっていることから，調査の効率は高まっている。

第3に，発表に使えるメディア機器の種類が多くなり，手の込んだ表現ができるようになった。ビデオは1991年にもあったが編集ができなかったため，撮ってきた映像を部分的にそのまま流すしか方法がなかった。現在は動画のデジタル撮影・編集ができ，プレゼンソフトに映像をリンクしてプロジェクターで投影することもできる。そのため，表現技巧に走ってしまい論理を見失うという問題はあるものの，表現の幅が広がったのはよいことだろう。

テーマを決めるまで

つぎに，現在のBTの授業がどのような年間計画で行われているかをみておこう。授業内容や展開は，毎年少しずつ変化している。ここでは，2015年度に行われたBTの例を中心に，16年度以後の状況もまじえながら紹介する（以下，［北村 2016］［林 2017］を参照）。

BTは4月から11月にかけて，年間で24時間を充てている。かつては年間70時間もかけていた時代もあったが，いまは内容を集約してコンパクトにしている。おおまかな流れは，① 総合学習ガイダンス（1時間），② テーマ設定・学習企画作り（4時間），③ 調査研究活動（10時間＋夏休み），④ 発表準備（4時間＋秋休み），⑤ 調査研究交流会（2時間），⑥ まとめの集会（代表発表会を2時間），⑦ 反省とまとめ（1時間）である

第2章 びわ湖から「学び方」を学ぶ

図2-4　課題を発見する時間

(口絵参照)。①②を6月半ば頃までに終え，6月後半から夏休みを挟んで9月半ば頃までが③の期間になる。そして9月末から10月いっぱいが④発表準備で，11月に残りの⑤⑥⑦を実施する。

年度はじめに「総合学習ガイダンス」を行って，BT,「情報の時間」,「COMMUNICATION TIME」（CT）の学習内容が相互につながっていることを，生徒に強く意識させる。それから各自が取り組みたい研究テーマを提出させ，それをもとに教員がグルーピングしてベースルームに振り分ける。ベースルームのほかに，情報図書室，コンピュータ室，技術室，家庭科室，理科室，職員室がサテライトルームになり，それぞれの部屋に担当教員を配置している。ネットで調べ物をしたい，電話やファックスを使いたい，あるいは実験や食品の調理をしたいときに，担当教員の指導のもとに生徒がサテライトルームを使えるようにしている。

53

BTでは毎年のキャッチフレーズを決めている。たとえば2015年度のテーマは「『LAB（Logical Active BT）』～論理的に活動する BIWAKO TIME～ BT を通じて，『学びの活動サイクル』を『論理的』に行える能力を伸ばす!!」だった。「学びの活動サイクル」とは，「考えること」「判断すること」「表現すること」で，学習の各場面でそれが論理的か否かを生徒に常に意識させるようにした。このキャッチフレーズにした理由は，この年は論理的思考をテーマにした教育課程研究指定校になっていたからだ。2016年度からはテーマを「LQB（Logical Quest BT）」に発展させている。これは，アクティブ・ラーニングをもっと意識して，論理的思考で自ら探究し，課題を解決していく力を伸ばしていくことを意図したものだ。

研究グループは異学年・男女混成の4―6人で編成している。2015年度の BT では，生徒全員が最初に提出する研究テーマの希望は，学年によってその細かさに差をつけていた。

　　1年→（自然・社会・文化　領域）の（　　　　）
　　2年→（自然・社会・文化　領域）の（　　　　）の（　　　　）
　　3年→（自然・社会・文化　領域）の（　　　　）の（　　　　）の（　　　　）

ただ漠然と「○○のことを調べたい」ではなく，学年が進むにつれてやりたいことを細分化させている点がポイントである。上級生になるほど，これまでの BT の経験を活かしつつ，やりたいことをより細かく決めることを求めている。

2016年度の BT からは，過去の研究テーマをカテゴライズしたものから，最初のキーワードを選ぶようにして，生徒の思考を助ける工夫をしている。具体的には，日本十進分類表で分類したカテゴリー表（表2‐1）の分類1と2から選択し，興味があること・調べてみたいことを希望調査カードに記入する。とはいっても，それだけではなかなか記入できない生徒もいる

第2章　びわ湖から「学び方」を学ぶ

表2-1　BT研究テーマのカテゴリー表

分類1	100 歴史		200 社会科学	300 自然科学
分類2	101 伝記		201 行政（政策・法律・条例）	301 地学（地質・鉱物・地形など）
	102 遺跡（古墳・城跡・住居跡など）		202 風俗習慣（生活のならわし（衣食住）等）	302 生物
	103 伝説（伝承・昔話など）		203 教育・福祉・人種	303 植物
	104 伝統（信仰・風習など）		204 環境問題	304 水環境
分類1	400 産業・経済		500 芸術	600 言語・文学
分類2	401 第1次産業（農・林・水）		501 絵画・書道	601 言語（方言・語源・ことわざなど）
	402 第2次産業（工）（加工・製造・建設・伝統工芸）		502 諸芸・娯楽（落語・演劇・映画など）	602 作品・作家
	403 第3次産業（商・サービス・運輸・通信・観光）		503 音楽・舞踊	
			504 スポーツ・体育	

表2-2　研究テーマの記入例抜粋

分類	テーマ例
伝記	（人物名）がなぜ滋賀県で○○を成し遂げることができたのか。
伝説	滋賀県にのこる（伝説）の共通点はあるのか。
環境問題	（環境問題）を止めるために必要なことは何か。
風俗・習慣	（風俗・習慣）と滋賀県の県民性とに関係はあるのか。
植物	琵琶湖固有種である（植物名）と琵琶湖の関係性はあるのか。
地学	滋賀県で大地震が起こる可能性はあるのか。
第2次産業	滋賀県で陶芸が広まった理由とその経済効果はどれぐらいあるのか。
第3次産業	京阪電車の利用と観光業の相関性はどれくらいあるのか。
絵画・書道	近江八景のような○○八景のようなものは他の県にもあるのか。またその違いは何か。
音楽・舞踊	なぜ琵琶湖就航の歌は今も歌い継がれているのか。
言語	みんながよく使う方言とその理由は何か。
作品	滋賀県ゆかりの作品で認知度の高い作品とその理由は何か。

ので，記入例もいくつか示している（表2-2）。

　集められた希望調査カードをもとに教員が学習グループを作る。各学年から2名ずつ計6名の教員が集まって，6時間ほどかけてグループを編成している。似た関心をもつ生徒をグループにすることは大前提として，生徒の人間関係を考慮しつつ，学年・性別のバランスも取るため，その作業が難しいことは否めない。毎年，試行錯誤をしているのが実情だ。2015年度の例では，自然領域17，社会領域17，文化領域34の68グループに編成された。

　つぎに，それぞれのグループで話し合いながら，KJ法を使って「テーマ」と「問い」を決める。そのさい，研究テーマを設定するにいたった理由を文章化し，論理的に表現できているかを生徒に内省させる。

　たとえば，「水鳥」を研究したいグループでは，まず水鳥についての疑問・意見を出し合ってKJ法で整理し，キーワードを絞り込みながら関連を考える。あるグループはキーワードを「水鳥」「森林」に絞り込み，テーマを「水鳥」，問いを「人間は水鳥にどのような影響をおよぼしているのだろうか？」にした。研究テーマの設定理由は，「森林状態の悪化は，水鳥の生活環境に悪影響を与えていると考え，さらに森林状態の悪化には，人間の影響が大きいと考えた。そこで，人間と水鳥の関係性を調べようと考えた。」である。人間の活動→森林状態の悪化→水鳥への悪影響，の因果関係を仮説にしてそれを実証しようというわけで，論理的な思考がうかがえる。

　このようにして出てきたそれぞれのグループの研究テーマを，表2-3に一覧で示した。

調査研究の実際

　研究テーマが決まれば，「問い」「仮説」「何が言えるとよいか」「必要なデータ・事例」「調べ方」を，グループで相談しながらピラミッド・スト

第 2 章　びわ湖から「学び方」を学ぶ

表 2-3　2015年度 BT の研究テーマ

《自然領域のテーマ》

領域	ナンバー	テーマ
自然1	1	琵琶湖での漁業の変化
自然1	2	水の利用と琵琶湖の水質悪化とその関係について
自然1	3	琵琶湖の水を手軽に飲める方法を調べる
自然1	4	南湖と北湖の湖底の違いと水質の関係について
自然1	5	外来魚対策の水を作ろう
自然2	1	大型鳥類絶滅危惧種をふやそう
自然2	2	カワウの環境への関わり方
自然2	3	ホンモロコなど琵琶湖に住む生物にとって最も良い環境を見つけ出そう
自然2	4	魚が新しい環境に住む条件とは？
自然2	5	外来種と在来種は共存できるか
自然2	6	ビワクンショウ貝を守るためにはどうすればよいのか？
自然3	1	伊吹山近辺の地震との関連性
自然3	2	いつくる地震？？
自然3	3	森林の減少と生物の変化
自然3	4	水鳥
自然3	5	ヨシで水をきれいにしたい

《社会領域のテーマ》

領域	ナンバー	テーマ
社会1	1	滋賀県の学力向上の方法
社会1	2	びわこ放送のと地域の関わり
社会1	3	滋賀県民の図書館の貸出冊数が多い理由
社会1	4	滋賀の観光と観光ポスター
社会1	5	商店街の活性化の方法
社会1	6	滋賀の第二次産業の発達
社会2	1	滋賀県都市化計画
社会2	2	湖北の発展
社会2	3	滋賀の赤こんにゃく
社会2	4	なぜ滋賀県南部にショッピングモールは多いのか？
社会2	5	石山寺と三井寺の比較
社会2	6	滋賀の人口について　北部と南部で比較する
社会3	1	京阪の利用者を増やすための取り組み
社会3	2	滋賀の交通渋滞の原因と対策
社会3	3	JR 琵琶湖線の沿線の影響について
社会3	4	滋賀の交通の歴史について
社会3	5	どうなるこれからの滋賀

《文化領域のテーマ》

領域	ナンバー	テーマ
文化1	1	滋賀の歴史と城と戦国大名との関わり
文化1	2	山王祭と寺社の関連性について
文化1	3	かつて滋賀を治めていた武将、六角氏について
文化1	4	滋賀の城を後世に残そう
文化1	5	浅井三姉妹を知り、浅井三姉妹を知らせよう
文化1	6	甲賀の忍者文化の成り立ち
文化1	7	忍者の歴史
文化2	1	飛び出し坊やと交通事故の関係性
文化2	2	BT の新しいイメージキャラクターを作る。
文化2	3	滋賀と織田信長の地理的な関わり
文化2	4	滋賀を祭で華やかにしよう
文化2	5	琵琶湖花火の魅力
文化2	6	歌人が見た滋賀の良さを発信しよう
文化2	7	大津市を支えている百人一首
文化3	1	水無月祭の魅力を発信しよう
文化3	2	甲賀の忍者
文化3	3	新しい滋賀の祭りを提案しよう

領域	ナンバー	テーマ
文化3	4	なぜ滋賀が撮影場所に選ばれるのか
文化3	5	大津市の神社の知名度を上げるにはどうすれば良いか
文化3	6	飛び出し坊やのひみつ
文化3	7	長浜と外国のつながり
文化4	1	膳所焼きはなぜ有名でないのか
文化4	2	びんてまりの良さを PR して広めよう
文化4	3	長浜のガラス工芸品の人気を探る
文化4	4	滋賀の焼き物の特徴の違い
文化4	5	長浜ガラス工芸が広まった理由を調べよう
文化4	6	信楽タヌキの謎を探れ
文化4	7	焼き物の特徴の歴史・成り立ちを調べる
文化5	1	草津メロンを宣伝しよう
文化5	2	美味しいアドベリーの特徴
文化5	3	滋賀タマネギを食べて苦手克服を！
文化5	4	草津メロンをアピールしよう！
文化5	5	近江茶を有名にしよう。
文化5	6	アドベリーを有名にしよう

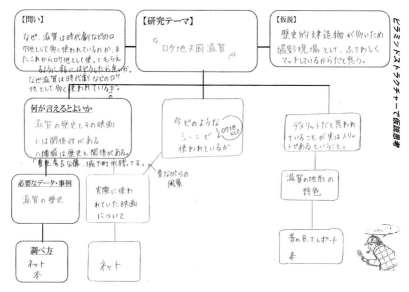

図2-5　ピラミッド・ストラクチャーの例

ラクチャーに落とし込む（図2-5）。そして，ベースルームの担当教員との「試練の面談」を経て，それでよしとなれば調査研究の段階に進む。

　時数の制約で，調査のための訪問先は1箇所に限っている。先にも述べたように，訪問先の選定，アポ取り，質問の準備，訪問先での礼儀の確認，事後の礼状書きなど，教員の助言を受けながら生徒が自主的に行う。中学生のことなので，校外での活動は原則として教員が引率する。校外活動の日は授業時間内に学校に戻らなくてもよい「オープン・エンドの日」にしているため，生徒の活動の範囲は電車で約90分の長浜市や電車とバスを乗り継いで2時間ほどかかる甲賀市信楽町にまで広がっている。

　実地の訪問が生徒たちの認識を変えた例を紹介しよう。2015年度BTのあるグループは，公立図書館での人口ひとりあたり貸出冊数で滋賀県が全国1位の理由を探った。仮説として① 図書館の数が少ない，② 本を買わない県民性，③ 図書館の予算が多い，を立てた。ネットなどから得られ

第2章　びわ湖から「学び方」を学ぶ

図2-6　集めたデータを思考ツールで整理

た統計資料から①と③は否定され，②は可能性として残った。

　これら以外に理由はないのか，生徒たちは滋賀県立図書館を訪問して職員から聞き取り調査を行った。現場の調査から，県民ひとり当たりの蔵書数と，職員の司書資格保有率でも全国1位だと知った。さらに，貸出冊数で全国一になったのは，自然にそうなったのではなく，それを狙って図書館の職員が努力をした結果だったことも聞かされた。

　一般の来館者が立ち入ることができない書庫などを見学し，施設の立派さやそこで働く人々の姿をみて，生徒たちはいきいきとした生の情報を獲得した。最終的にそのグループは，本を買わない県民性もあるかもしれないが，図書館の努力が大きいだろうとの結論にいたった。

　グループの発表と質疑応答の様子からは，図書館を訪問したさいにみた書庫のイメージや，応対してくれた職員の顔，ことば使い，仕事への熱意がしっかりと生徒の脳裏に宿っていると感じられた。ネットの情報だけでなく，現場に足を運ぶことの大切さを，グループのメンバーはよく理解で

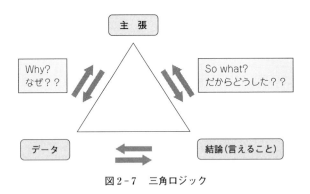

図2-7　三角ロジック

きただろう。

　さて，調査研究で集めたデータは思考ツールを使って整理する（図2-6）。たとえばKJ法でデータをグループ化してラベルをつける，ベン図を駆使して共通する／相違する事実を整理しそこから言えることを考える，三角ロジック（図2-7）で「主張」「データ」「結論」のつながりが論理的かを確認する，逆ピラミッド・ストラクチャーで「データ」「結論」から「主張」への流れを作るなどである。そうした手順を踏みながら，「データ」と「結論」を区別し，そのデータから本当にそれがいえるのかを，生徒たちは自問する。

発表会を通して考える

　こうして論旨ができれば，つぎは発表の準備へと進む。発表資料とシナリオを作り，各自の役割分担を決めてリハーサルと改善を繰り返す。発表資料はパワーポイントによるスライド投影と模造紙に手書きしたポスターが多い。グループによっては，発表の全体が見通せる情報や発表を通して使うデータをポスターで常に示しながら，細部をパワーポイントで説明するといった工夫がみられる。

　なかには芝居のような演出で，聞いている生徒の関心を引くグループも

第2章　びわ湖から「学び方」を学ぶ

ある。そうした劇的な演出は，パソコンの能力が向上してパワーポイントの使用や動画の編集が容易になった頃からみられるようになった。

　提示する資料にさまざまな視覚効果が使えると，それらの機能をフルに使ってプレゼンを見栄えよくする方向に，生徒は向かいがちになる。10数年前は研究成果をテレビのドキュメンタリー番組のような動画にまとめてみせるグループが目立った。「ぼくたちの探究は，これからもつづくのだ……」といった，紋切り型の演出に生徒が拍手喝采をするさまに，当時の教員たちは危機感をもったという。情緒的な表現で何かを伝えたつもりでも，よくよく考えてみれば話の筋道ができていない。そうした問題意識が，BTで論理的思考を重視するようになったきっかけにもなった。

　発表会は，各ベースルームでまず行う。生徒は他のグループの発表を聞きながら，「やっぱりそうか！（自分との共通点）」「本当に？（相違点・疑問点）」「なるほど‼（新発見）」「参考になった学び方・考え方など」をマトリクスに書き入れていく。発表を聞きながらこれらの項目について考え記入していくのはたいへんな作業だと思うが，本校の生徒は一生懸命に取り組んでいる。とはいえ，なかにはほとんど記入できない生徒も見受けられる。そういった生徒には，教員が個別にフォローアップを入れる。

　各グループの発表が終わると，それをめぐって質疑が繰り広げられる。BTでの質疑が活発かどうかは，年度やベースルームによって少しむらがあるように感じる。質問が出ないときは，その場にいる教員が質問事項のヒントを与える発言や質問をして，聞いている生徒の思考を刺激する。

　ベースルームでの発表会は，そうした流れで行われる。発表会が終わると，各ベースルームの代表グループを教員の側で選ぶ。そうしてつぎのまとめの集会（図2-8）で代表グループの発表をおなじ領域に属する生徒の全員が聞き，「テーマ設定で」「調査研究の中で」「まとめる時に」「発表をするときに」の4観点について，「自分たちに足りなかったこと」「こうすれば良かった‼」をマトリクスにまとめる（図2-9）。そして半年行って

61

図2-8 まとめの集会

きた活動の振り返りと自己評価をして、BTの1サイクルが終了する。

「情報の時間」との連携

　何度か繰り返しているように、BTは教科学習と相互補完的なものであるほかに、「情報の時間」とは内容やカリキュラム進行のうえで連携をもたせている。とくに第1章で述べたように、2013年度に「情報の時間」が年間50時間から20時間に削減されてからは、教育効果を落とさないための工夫としてBTとの連携を強めてきた。

　具体的には、BTでの生徒のつまずきの場面を整理し、それに対応するための「情報の時間」の授業を、BTの進行に合わせて実施している。BTでの生徒のつまずきの場面は、表2-4をみていただきたい。「A　発想と立案」「B　調査と研究」「C　整理と発表」「D　研究の吟味」の観点か

第2章　びわ湖から「学び方」を学ぶ

《代表グループと比較して・・・》

観点	自分たちに足りなかったこと	こうすれば良かった！！
テーマ設定で・・・	ロケ地として多く使われていることをふまえて、問いをたてたらもっと興味のわいてもらえる発表になったと思う	結論が分かりにくい問いにしたら良かった
調査研究の中で・・・	他県との比較 など	活動ででた結論をポスター化など行動にできると良かったと思う
まとめる時に・・・	「え!?」てなるような答え、結論をたてる	もっと他の映画との共通しているところや他の県のロケ地とのちがいなどを探る
発表をするときに・・・	紙スライドの情報をただ読んで発表じゃなく、ない情報も話したりする	質問形式、参加型多になると良かった

《今年の　ＢＴを振り返って・・・》

今年のテーマに関して、身についたこと・考えたこと　など
疑問に思うことを明確にしていくためにオープンエンドで見学しにいったり、他の視点からも結論を探る力がついた

今年のBTを通して身についた「学び方」
タブレットなどのインターネットだけではなく、実際に見たり、聞いたりして探求するという学び方が身につきました。

図2-9　まとめの集会の記録

63

ら，授業実践で得られた21のつまずきポイントを整理してある。

　これらを2016年度の「情報の時間」の１年生のカリキュラムと対応させると，つぎのようになる。

　　単元「アイデアを練ろう」
　　① 多様な考え方・新しい視点から物事をみてみよう（A―１）
　　② BT と思考ツール（イメージマップ）（A―２）
　　③ BT と思考ツール（ベン図）（A―３）
　　④ BT と思考ツール（ピラミッド・ストラクチャー）（A―４）
　　⑤ 交流とまとめ

　　単元「分析しよう」
　　① 分析することの意味を知ろう（視点と考え方）（C―１）
　　② 問題解決の手段を学ぼう（ベン図，分解の木）（C―２）
　　③ 分析活動
　　④ 目標設定を確認しよう
　　⑤ 実践とまとめ

　　単元「発表しよう」
　　① 伝えてみよう（情報発信における視線と姿勢）（C―３）
　　② 伝えてみよう（ニュースと講演の工夫）（C―４）
　　③ プレゼンテーションとは（情報発信の分析）
　　④ 作ろうプレゼンテーション（原稿作り）
　　⑤ 発表とまとめ

　　単元「メディアによるコミュニケーション」
　　① メディアの特徴を考えよう（B―１）

第 2 章　びわ湖から「学び方」を学ぶ

表 2 - 4　BT での生徒のつまずきの場面

A 発想と立案	
A - 1	自分はどんな研究をしたいか
A - 2	集まったメンバーの研究をどうするか いかにしてしたいことの共通項を広げるか，まとめるか
A - 3	問いをどう立てるか
A - 4	仮説はどう立てると適切か
A - 5	どのような研究計画を立てると効果的に研究を深められるか
B 調査と研究	
B - 1	何を調べればよいか
B - 2	「いいかげんな情報」に流されないためにはどうしたらよいか
B - 3	「自分たちの情報」にするためにはどうしたらよいか 複数の資料，なるべく原資料，×丸写し
B - 4	アンケートや統計など数字のデータをどう処理すればよいのか，統計リテラシー
B - 5	複数の人をどう捌くか
B - 6	アポをどう取るか
B - 7	調査先でどのような態度をとるか
B - 8	校外活動後にどうお礼状を書くか
B - 9	時間が足りない
C 整理と発表	
C - 1	集めたことをどう集約するか
C - 2	集めたことから何がわかるか
C - 3	どのような方法で発表すると効果的か ICT，グラフ，模造紙のまとめ方，スライドの作り方
C - 4	発表の伝え方
D 研究の吟味	
D - 1	問いや仮説に対してどこまでせまることができて，何ができていないのか
D - 2	自分たちはどのような学び方ができて，何ができていないのか
D - 3	発表会で何を質問したらいいのかわからない

② メディアを用いた情報の流れを考えよう（B─2）

③ メディアが伝えることができる情報は何か考えよう（B─3）

④ メディア同士の情報伝達の方法を知ろう

⑤ メディアによるコミュニケーションのまとめ

　ほとんど小学生のような1年生が，2・3年生のなかで役割をはたしていくには，アイデア出し・分析・発表の一連のプロセスを「情報の時間」でやっておくのが効果的だ。また，「メディアによるコミュニケーション」の単元が行われる時期には，その年度のBTは終了しているため，2年生に向けた準備の意味合いが強い。

　BTと「情報の時間」を連動させていることは，他の学年も同様だ。3年生はリーダーシップを取りながら，BTを論理的に進めることが要求される。そのため，MECEや三角ロジック，逆ピラミッド・ストラクチャーを年度の早い段階でカバーするようにしている。この改革を意識的に行ったのは2014年度頃からで，それ以後はBTのときに生徒が作る逆ピラミッド・ストラクチャーに記入されている情報量や主張の根拠となる階層が増えた［北村 2016］。一方で，「これからの情報社会」の単元はBTとの関連がやや薄いので，3年生の最後の単元にしている。

　こうしたBTと「情報の時間」の連携について，生徒はどのように評価しているのだろうか？　「情報の時間」の各単元の終了時に生徒が記入する「授業評価アンケート」（2016年度）をもとに，その評価をみておこう（表2-5）［安谷 2017］。

　これは4点満点で評価したものだ。全般的に高評価であるが，2年生で行う「データを集めよう」「データの活用」が，BTに活用できるとした生徒がとりわけ多い。両単元はパソコンとインターネットを駆使した情報収集と，集めたデータの加工・操作といった実践的な内容であることがプラスに働いているようだ。そのほかにも1年生の「分析しよう」と3年生

表2-5 2016年度「情報の時間」授業評価アンケート結果
（生徒に1点（できない）から5点（できる）の5段階で
評価させたときの平均点）

対象学年	単元名	この学習の内容はBTに活用できる
1	アイデアを練ろう	3.73
1	分析しよう	3.83
1	メディアによるコミュニケーション	3.62
2	データ量と情報量	3.60
2	データを集めよう	3.92
2	データの活用	3.91
3	論理的に理解しよう	3.82
3	情報の本質について考えよう	3.74
3	これからの情報社会	3.64

の「論理的に理解しよう」も，BTに活用できる度合いが相対的に高評価となっている。逆にBTへの活用度が低いのは，2年生の「データ量と情報量」と1・3年生の最後に行う「メディアによるコミュニケーション」「これからの情報社会」である。BTと「情報の時間」の連携をいっそう高めるためには，これらの単元の改善が必要なようだ。しかし，BTとの関連を度外視すれば，それぞれの単元には「情報の時間」として重要な内容を含んでいる。これらをどう改善するかは，今後の課題である。

BTの教育効果

BTではその年の授業の終了時に全生徒に対して「振り返りアンケート」をして，教育の効果や改善点を探っている。「振り返りアンケート」の項目は毎年変えてきたのだが，2011年（項目によっては2010年）から2013年まではおなじ質問がされている項目があるので，その間の変動を比較してみよう。

2010年から13年までは，本校が文部科学省研究開発学校に指定されていた期間にあたり，「情報の時間」開設を核とした教育課程の開発がなされていた。「情報の時間」が年間50時間も設けられ，BTにおいても思考

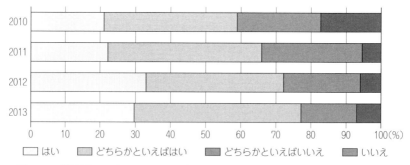

図2-10 「教科学習で学ぶことがらと『BT』の学習とを結びつけようとしていますか」

ツールなど「情報の時間」で学んだ知識や技能を活用できることに重点を置いた授業設計がなされていた。とくに2012年度は「広げるBT」、2013年度は「Thinking BT」をテーマに掲げて、教科とのつながりと思考ツールの活用を目指した。

図2-10は、「教科学習で学ぶことがらと「BT」の学習とを結びつけようとしていますか」に対する各年度の生徒の回答である。この質問は、肯定的な回答の伸びがもっとも顕著だった。また図2-11は、「研究を進めていく上で、思考ツールを何か使いましたか」への回答である。2012年度に大きく伸びて、13年度はやや下降気味ながらも、11年度よりは改善したことがわかる。「広げるBT」「Thinking BT」をテーマに掲げたことの教育効果が出ている。

さらなる「深い学び」の種

BTはこの時間が終われば学びもおしまいではない。そこでまかれた種は、中学校を卒業してからも残る。そういう観点から印象に残った例を、2017年度のBTでのグループの交流活動から紹介しておこう。

あるグループは、大津市にある近江神宮に特徴的な建築様式の「近江造」を、全国に広げることをテーマにしていた。ところが、「近江造」の

第2章 びわ湖から「学び方」を学ぶ

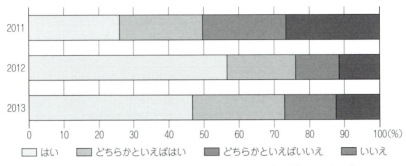

図2-11 「研究を進めていく上で，思考ツールを何か使いましたか」

特徴や歴史についての知識は，彼らにほとんどなかった。そこで生徒たちは，近江神宮について専門的に解説した資料を滋賀県庁から取り寄せ，精読した。資料を読むと，近江神宮は「GHQの神道指令により，全国16ある勅祭社の最後の1社に選ばれている」とある。ここが重要だと思ったのか，ひとりの生徒がそこに蛍光ペンで線を引いた。するとリーダー役の生徒が，「GHQて何や？『しさいしゃ』て何や？」とつぶやいた。生徒の心に「問い」が宿ったのだ。

昔ながらの教育方法ならば，教員が生徒の疑問や誤りにすぐに反応し，「GHQとはね……」「『勅祭社』は『ちょくさいしゃ』と読むんだよ」と，「正しい知識」を教えるだろう。そうすることが教育だと，かつては誰もあまり疑いをもたなかった。知識を伝えたら教員は何か教えたつもりになれる。しかし，それでは生徒への定着は弱い。知識をすぐに教えるのではなく，生徒が自ら疑問を抱きつづけ，誤りに気づき，自ら答えを導きだす手助けをするスキルが，これからの教員には必要になる。もちろん，そんな「遠回り」を生徒に許す授業設計が前提になる。

生徒が読んでいた資料のつづきには，「近江造」もしくは「昭和造」は，「満州の関東大社をはじめとする占領地神社のモデルにもなったという」と書かれてある。ここには，学びのヒントが満載だ。満州とは何か，関東

69

大社とは，日本の占領地とは，そこになぜ神社を作ったのか，それらの神社はいまどうなっているのか——生徒がもちうる疑問をほんの少しだけ先に進めたら，近現代史の研究者がいままさに取り組んでいる知の最前線に，いきなりたどり着く。BT の学びの可能性は，無限大だと思う。

　しかし，このテーマは中学生にとってはハードルが高すぎた。「昭和造」の神社が外国にはあるが日本にあまりないのは，戦争中だったために国内に神社を造る余裕がなかったのだろうと，生徒たちは結論づけた。当時，日本の占領地は「外国」ではなかったことや，神社を建てることの政治的な機能にまで思いがいたらなかった。結局，BT の時間内では「近江造」の特徴をまとめることで精いっぱいだった。しかし，この生徒たちがいつの日か，高校や大学で日本の植民地支配のことについてさらに学べば，それが「近江造」の知識とつながり，そのときに BT の「深い学び」が成し遂げられるだろう。たとえまとまりのない発表に終わったとしても，さらなる「深い学び」の種が生徒のなかには残るのだ。

参考文献

北村拓也　2016　「第3章　総合的な学習の時間，特別活動等の研究」『平成27年度（2015年度）研究紀要』第58集，滋賀大学教育学部附属中学校，116-123頁。

滋賀大学教育学部附属中学校　1991　『選択履修と総合学習の新しい展開』図書文化。

林秀樹　2017　「第3章　総合的な学習の時間，特別活動等の研究」『平成28年度（2016年度）研究紀要』第59集，滋賀大学教育学部附属中学校，108-115頁。

安谷元伸　2017　「第4章2　論理的思考を学び，実践する場としての「情報の時間」の授業評価」『平成28年度（2016年度）研究紀要』第59集，滋賀大学教育学部附属中学校，136-143頁。

第2章　びわ湖から「学び方」を学ぶ

コラム2

「深い学び」を感じる瞬間に出会う生徒

原田雅史（2017年度BT担当）

　2017年度，ビワマスはなぜ琵琶湖の固有種であるのかをテーマとして調査研究活動を進めていたグループでは，ビワマスとは違うマスとの共通点や相違点を比較しながら情報を得るなかで，自然と疑問が湧き出てくるのであった。ベースルーム担当の教員や巡回の教員に生徒自ら質問を投げかける。ビワマスのルーツはどこにあるのか，またどのような種類の魚になるのかという新たな疑問をもち，そして再び調査研究活動がはじまる。ベースルームはいつも賑やかな雰囲気である。日々の授業では消極的な生徒においても，BTではのびのびと議論を行う姿がいたる所で見られ，これがBTのよさであると思う。

　いままで曖昧な認識として捉えていたことや浅い知識がBTの活動のなかで，少しずつつながっていき生徒は理解が深まったと実感する。深い学びを感じる瞬間に，人はみな喜びを感じるものなのだ。学ぶことの意義や重要性を感じた生徒は，各教科の授業においても疑問を持とうとする。こうした生徒の変容は，学年を重ねるごとに大きく感じられる。本校の教育活動は，長年に渡り実践されてきたBTを幹としていると言っても過言ではない。

　BTは，35年に及ぶ長い歴史を持つ。1983年頃から継続して郷土学習としての「びわ湖学習」の実施がはじまった。当時は特設の学習であったが，現在の総合的な学習の時間の先駆けであった。それと並行して，1991年から3年生で特設の「環境学習」と「国際理解学習」が実施されるようになった。しかし，学習内容や学習方法が重複し，多岐にわたってきたため，1994年に整理・統合を図り，「びわ湖学習」，「環境学習」，「国際理解学習」を合わせたBTとなる。2008年度から，本校独自の研究学習課程である「情報の時間」での学習成果を活かし，思考力の向上を目指すため，思考ツールをワークブックに掲載し，生徒に活用させるように指導するようになった。近年は，2012年度から実施された学習指導要領へのスムーズな移行を意識し，学習の時間をより一層，「学び方を学ぶ」場にしていくため，学習計画の精選を進めた。現在は，展開内容を精選し24-25時間で実施している。

　その目的は，「郷土である滋賀」を学習フィールドとし，調査研究活動を通して「学び方を学ぶ」ことである。具体的には，各教科の学習で得た知識や体験を活かせるように，逆にBTで学んだことを各教科での学習で活かせるように，「学び」

71

をより活用できる力へと再編することである。BT を通して生徒に育むべき力とは，どうすれば困難な課題に立ち向かえるのか，どうすれば最適解が導き出せるのかという21世紀を生き抜くために不可欠な問題解決能力である。グループごとにテーマを決め，問いや仮説を持ち，探究のプロセスを大切に学びを深めるのである。

　2000年頃から，インターネットの普及に伴い，調査内容が何かの文献のコピー・貼り付けを通して引用するだけであったり，根拠が明示できないあやふやな条件で調査する例が現われた。発表方法の演出効果にこだわった「作品」づくりや，発表しても質疑の出ない発表会となる傾向が見られるなど，調査研究型の総合学習としての課題が見えてきた。この点は，中学生に限らず社会的にも課題となっている。これを改善すべく，毎年テーマを BT 主任が設定し，1年間の BT 運営の軸としている。2017年度は，探究的学習活動を「自ら課題を見つけ，解決すること」と定義し，日々の学習で得た知識・技能を BT のなかで活用したり，発揮したりすることで，自ら探究し，課題を解決していく力を伸ばしていけるようにした。それをさらに発展させられるように，「つなげる」をテーマに掲げ，既習の学習内容や実体験と BT の中で得た知識や技能が結びつき，BT での学びが深まることを意識させながら指導を行っている。学びを深めようとするならば，調べ学習をすれば解が見つかるような浅い問いやテーマではいけない。ある程度テーマ決定の際に，指導や支援をしながら生徒が自ら課題を設定する場面を演出してやることが仮説や問いを自然に出させる工夫といえよう。

　また，ある程度調査研究活動を進めていくなかで，自グループだけでは探究が深まらない場合も見受けられる。2017年度については中間交流会と称して，2，3組のグループがお互いの中間報告を聞き合い，疑問を投げかけたり，質問したりする場面を設定している。中間交流会では，「情報の時間」で身につけた論理的思考力を活用しながら，意見交流をさせるようにしている。その発表内容に論拠を伴わない主張だけの発表（論理の飛躍）となってはいないか，説得力のある主張とするために必要な資料やデータの不足はないか等を話し手と聞き手が相互に確認しながら，生徒の論理的な思考力が高まることを期待している。

　BT の取り組みを通して日々感じることは，探究的学習活動が学びを深め，教育効果を高める点で大変効果的だということである。本校に脈々と受け継がれる教育実践ということで，我々教員は十分な自信を持って実践できている。なかなか他校での実践が難しいという意見をいただくこともあるが，「探究のプロセス」を意識した授業改善は，生徒指導上の重大な課題を抱えた学校であっても実現可能であると考える。学校として取り組む探究的学習活動は，少しの工夫と努力で学校生活のどの場面にでも取り入れられるはずである。

第3章　生徒が変わる

生徒・保護者アンケートから

　ここまで紹介してきたような本校の教育実践は，生徒や保護者にはたしてどのように受け取られているのだろうか？　本章では生徒・保護者へのアンケートと全国学力テストのさいに行われる生徒質問紙の集計結果などから，本校の教育の成果と近年の変化をみておこう。

　生徒・保護者へのアンケートは，2006年度から毎年継続して11月に実施している。両者への質問内容に関連性をもたせていて，生徒と保護者の思いを比較して考察できるようにしている。また経年変化をみるために，質問項目はなるべく変えないようにしてきた。しかし，2017年度現在の質問文にほぼ落ち着いたのは2012年度からなので，ここではそれ以後のデータを紹介する。

　対象は生徒と保護者の全員で，生徒からの回収率は9割程度，保護者からは8―9割程度である。回答は無記名で，保護者へのアンケートは回答が生徒の目に触れないよう，封筒に入れて生徒を通して回収している。

　まず生徒アンケートの集計結果（図3-1）について，順に分析していこう。設問Aは「教科の学習によって，確かな力が身についている」で，総合学習を除く教科の学力への生徒の自己認識を問うている。グラフから読み取れるように，2014年度からは肯定的な回答が増加してきている。こうした傾向は，他の設問についても同様にみられる。

　本校では「BIWAKO TIME」（BT）や「情報の時間」と教科との接続を高めることや，教科の授業で思考ツールを活用する研究を2013年度から

はじめている。その成果が現れたものと言いたいところだが，そう単純な結論は出せない。いわゆる「脱ゆとり教育」を目指した学習指導要領が2012年度に中学校で完全実施され，教科の授業時間が増えたからだ。図3−1設問Aにみられる改善は，本校の研究と「脱ゆとり教育」の両方の効果が混ざったものとみるのが妥当だろう。

　設問Bは「情報の学習を通して，視野が広がり，情報モラルとマナーが身についた」で，「情報の時間」を意識した内容である。ただ，2012年度に設定したこの設問内容では，残念ながら「学びのエンジン」としての「情報の時間」の核心を突いた問いになっていない。それでも，研究開発学校指定が終わって「情報の時間」を整理・縮減した2013年度以後，教育効果への評価が高くなってきている。とくに2016年度に評価が一段と高まった要因としては，本校で独自に作ったテキストブックの使用を止め，授業資料を随時改良して教員間で共有するようにしたことにより，より効果的な授業内容になったことが考えられる。また，3年生の「ネットワークと情報共有」の単元で，人と人のつながりの大切さを意識させ，それが顔の見えないインターネット空間においても同様であることを考える内容を取り入れたことも，この設問に対する好結果につながったと考えられる。

　設問C「総合学習（BT，CT，情報）を通して，問題解決能力が身についた」と設問D「総合学習（BT，CT，情報）を通して，郷土や身の回りの環境を大切に思うようになった」は，ともに総合学習の効果を問うものになっている。集計結果では，2013年度に肯定的な回答の割合がやや下がってそこから回復するといった，似たような傾向がどちらにも見られる。ただし，両設問とも2012年度は「総合学習（BT，CT，情報）を通して」の部分が「ビワコタイムを通して」になっていたので，5年間を通しておなじ設問だったわけではないことに留意しなければならない。また「情報の時間」の時間数が2013年度に大幅に減ったことや，第2章の図2−11でみたように2013年度のBTでは思考ツールの利用度が下がったことも影響

しているだろう。2013年度以後は両設問とも肯定的な回答の割合が増えつづけていることから、「脱ゆとり教育」の学習指導要領のもとでの総合学習のノウハウが徐々に蓄積され、教育効果が上がっていったとみてよい。

設問Eでは、「総合学習（BT, CT, 情報）や進路学習を通して、社会や自身の将来の生き方に関心を持った」かを聞いている。2012年度には同等な設問がないので集計を示していない。

本校では、公立校で行われているような生徒の職場体験がない。言い方を変えると、多くの公立校では総合学習の時間を使って職場体験をしている。本校では、進路学習は各学年の方針に委ねられていて、主に学活と道徳の時間を使って年間10時間程度を行っている。進学校だということもあり、進路学習は高校受験を前提にしたものになっている。といっても、闇雲に進学するのではなく、将来の進路の見通しをもって進学することを、生徒に意識させることを目指している。そのため、1・2年生のあいだは近くの大人から仕事の話を聞くことや、職業について本で調べること、大学訪問学習などをし、3年生になると高校受験の仕組みを学んだり、目指す高校の正門の前まで行ってみたり、といった内容になる。キャリア教育の部分は、BTでの訪問のアポ取りや礼状書きくらいしかなく、公立校とくらべると弱いのは確かだ。

そんななか、設問Eで2015年度以後に改善がみられるのは、設問の前半部分にある「総合学習（BT, CT, 情報）」への評価が高まったためかもしれない。総合学習での探究活動が、社会や自身の将来の生き方への関心につながったとの実感を、生徒がもちはじめていると理解したい。

図3-1を総じて眺めてみれば、BTや「情報の時間」などの総合学習に力を入れるのは無駄なことではないと、生徒は感じてくれている。とくに近年、総合学習と教科学習とのリンクを強めたことからも、そう思われているようだ。

つぎに、保護者に対するアンケート結果を図3-2に示した。グラフか

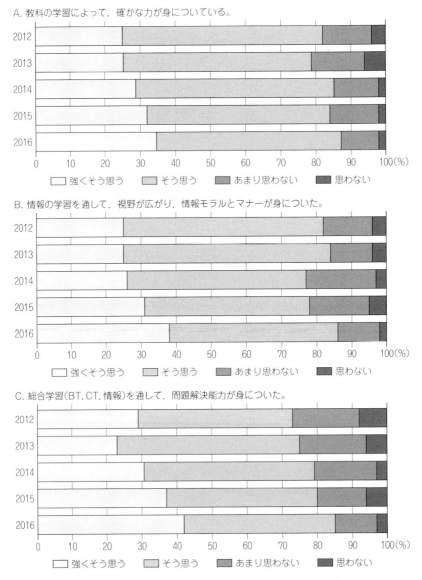

※C 2012年度の設問は「ピワコタイムを通して，問題解決能力が身についた。」

第3章　生徒が変わる

D. 総合学習(BT, CT, 情報)を通して、郷土や身の回りの環境を大切に思うようになった。

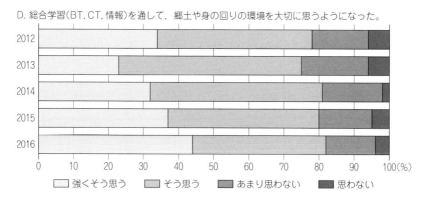

※D　2012年度の設問は「ピワ」タイムを通して、郷土や身の回りの環境を大切に思うようになった。」

E. 総合学習(BT, CT, 情報)や進路学習を通して、社会や自身の将来の生き方に関心を持った。

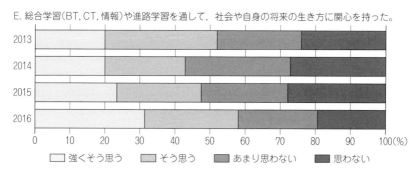

※E　2012年度は同等設問なし。

図3-1　生徒アンケートの集計結果（2012-16年度の本校研究紀要から作成）

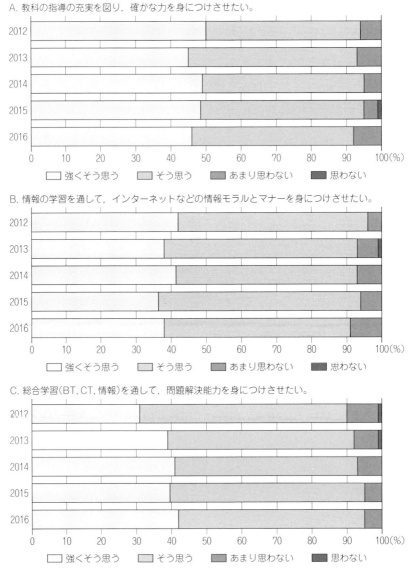

※C 2012年度の設問は「ビワコタイムを通して,郷土や身の回りの環境を大切にする心を育ませたい。」

第3章 生徒が変わる

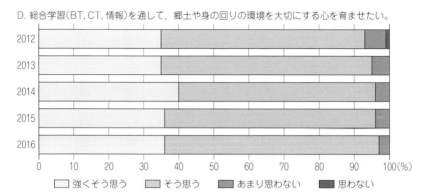

※D 2012年度の設問は「ビワコタイムを通して，問題解決能力が身につけさせたい。」

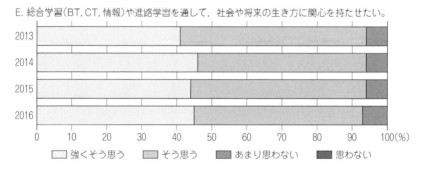

※E 2012年度は同等設問なし。

図3-2 保護者アンケートの集計結果（2012-16年度の本校研究紀要から作成）

らは，本校生徒の保護者はどの設問の内容に対しても，たいへん高い期待
をもっていることがわかる。先に書いたように，保護者アンケートの回収
率は生徒アンケートよりも1割ほど低い年が多い。教育への関心が比較的
低い層が回答していないと想定しても，教育熱心な保護者の多いことがう
かがえる。

どの設問についても，教育効果についての生徒の自己認識と保護者の期
待とのあいだに，現状ではかなりのギャップがあることは問題だろう。本
校の教育への保護者の期待が高いことは，教員にとってはまちがいなく励
みになる。保護者が期待する水準に少しでも近づけるために，さらなる授
業改善が必要であろう。

全国学力テスト生徒質問紙から

本校では，校内で実施しているアンケートの結果だけでなく，全国学力
テストのさいに行われる生徒質問紙調査の結果についても，その一部を毎
年刊行している研究紀要で公表している。本書では，全国学力テストの結
果は，基本的に紀要ですでに公表したデータをもとにしている。また，本
校においても結果をすべて公表しているわけではなく，教育の特徴があら
われている項目を選択している。ただし，2013年度については全国統一の
質問紙が用いられず，本校に該当する質問が割り当てられなかったため，
データに欠損のある項目がある。

全国学力テストの生徒質問紙では，生徒の生活態度や授業の感想など，
2016年度の場合で85項目の設問がある。そのなかから本校の紀要で公表し，
しかも経年での変化を追うことができる6項目についてまとめたのが図3
－3である。

設問によっては集計結果に年度によるばらつきがみられる。これは全国
学力テストが3年生だけを対象にしているため，本校のように1学年が
120名程度の規模では学年のカラーが出やすいためとも考えられるが，ば

第3章　生徒が変わる

らつきのはっきりとした原因はわからない。だが，総じて見ればこれらの
なかの多くの設問で，経年的に改善しているといえよう。

　気になるのは，本校の教育実践が生徒に与えているものが，全国的にみ
てどのレベルにあるのかである。比較の対象は，すべての国公私立中学校
ではなく，本校とおなじ機能と役割をもっている全国の国立大学附属中学
校とするほうが興味深いだろう。7つの設問についての2016年度の結果を
比較したものが図3-4である。

　図からわかるように，全国の国立大学附属中学校の平均と比較しても，
本校の生徒はここにあげた設問の多くでよい自己評価をしている。本校の
教育の特徴があらわれる設問を選択しているので，こうした結果になるの
は当然ともいえる。だが，「学校の授業などで，自分の考えを他の人に説
明したり，文章に書いたりすることは難しいと思いますか」の設問につい
ては，「そう思う」と「どちらかといえば，そう思う」を足し合わせると，
やや劣るようだ。

　この設問を仮に「生徒の説明・文章化の苦手意識」だとして，これが固
定的な傾向なのかどうかを経年的にみたのが図3-5である。

　図3-5からは，本校の生徒の説明・文章化の苦手意識は，2014年度を
除いて全国の国立大学附属中学校の平均レベルよりも高いようだ。その理
由について確定的なことはいえないが，本校が生徒に要求する説明・文章
化力が，高い水準にあるためかもしれない。

　思考ツールは，論理性を与えながらアイデアを練り，考えをまとめる作
業を個人でもグループでも容易にする。また教員にとっては，ツール上に
まとめられたものをみれば，生徒の思考の過程が一目でわかり，適切な指
導を行うことができる。だが，完成した思考ツールは学習の最終アウトプ
ットではない。思考ツールに書き入れたことをもとに要点をおさえて説明
をしたり，ある程度の長さの論理的な文章にまとめたり，といった言語活
動にまでもっていきたい。

81

「総合的な学習の時間」の授業で学習したことは，普段の生活や社会に出たときに役立つと思いますか

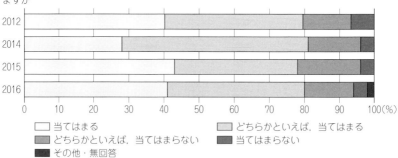

※2013年度は該当する質問項目なし

「総合的な学習の時間」では，自分で課題を立てて情報を集め整理して，調べたことを発表するなどの学習活動に取り組んでいますか

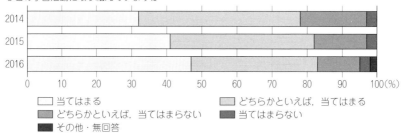

1,2年生の時に受けた授業では，自分の考えを発表する機会が与えられていたと思いますか

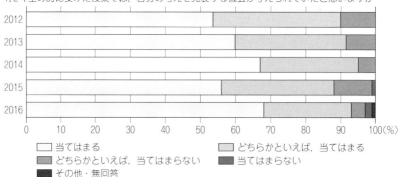

※2012年度の設問は「普段の授業では……」
※2013年度の設問は「これまでに受けた授業では……」

第3章 生徒が変わる

1, 2年生の時に受けた授業では，生徒の間で話し合う活動をよく行っていたと思いますか

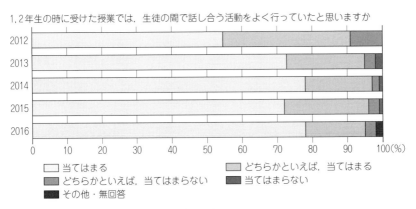

※2012, 13年度の設問は「普段の授業では……」

学校の授業などで，自分の考えを他の人に説明したり，文章に書いたりすることは難しいと思いますか

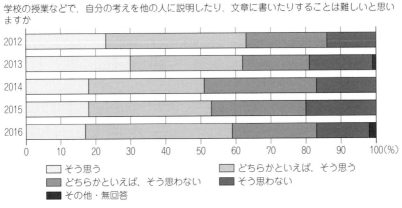

生徒の間で話し合う活動を通じて，自分の考えを深めたり，広げたりすることができていると思いますか

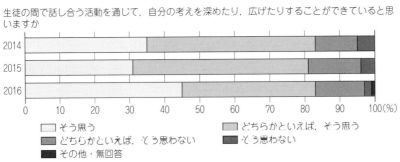

図3-3　全国学力テスト生徒質問紙調査の集計結果（2012-16年度の本校研究紀要から作成）

「総合的な学習の時間」の授業で学習したことは，普段の生活や社会に出たときに役立つと思いますか

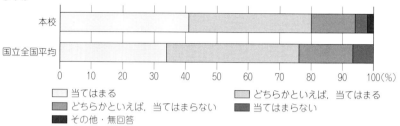

「総合的な学習の時間」では，自分で課題を立てて情報を集め整理して，調べたことを発表するなどの学習活動に取り組んでいますか

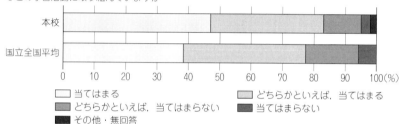

1,2年生の時に受けた授業では，自分の考えを発表する機会が与えられていたと思いますか

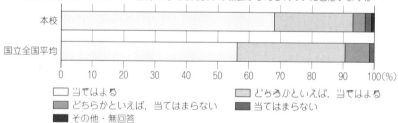

1,2年生の時に受けた授業では，生徒の間で話し合う活動をよく行っていたと思いますか

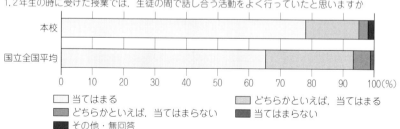

第3章 生徒が変わる

1, 2年生の時に受けた授業で扱うノートには，学習の目標（めあて・ねらい）とまとめを書いていたと思いますか

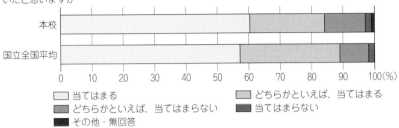

学校の授業などで，自分の考えを他の人に説明したり，文章に書いたりすることは難しいと思いますか

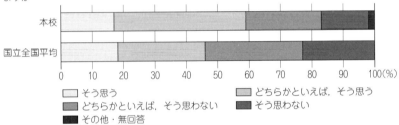

生徒の間で話し合う活動を通じて，自分の考えを深めたり，広げたりすることができていると思いますか

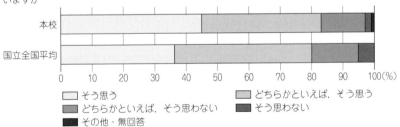

図3-4 2016年度全国学力テスト生徒質問紙の集計結果比較
(2016年度の本校研究紀要と国立教育政策研究所の公表データから作成)

学校の授業などで，自分の考えを他の人に説明したり，文章に書いたりすることは難しいと思いますか

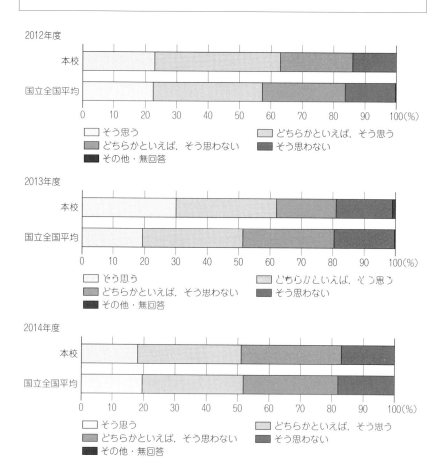

第3章 生徒が変わる

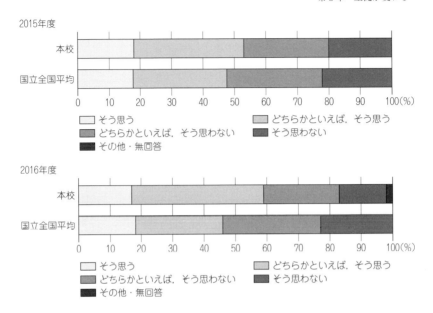

図3-5　生徒の説明・文章化の苦手意識の比較
(2012-16年度の本校研究紀要と国立教育政策研究所の公表データから作成)

生徒にどの程度の論述を指導しているかの一例を，３年社会科の公民的分野から紹介しておこう［七里 2016］。この授業では現代社会が直面する課題と対策を考える。「グローバル化」「情報化」「少子高齢化」について授業で学んだことを，それぞれプラス面とマイナス面から評価してクラゲチャートに書き入れる。そして４人グループで交流し，他グループの意見も取り入れた要点をチャートの中央部にまとめる（図3-6）。それをもとに，単元の最後の時間に論述を完成させる。論述課題は「今日の（社会が直面する）課題にどう取り組んでいくべきだろう？」である。論述の条件はふたつあって，「取り組むべき課題は……」といった書き出しではじめ，クラゲチャートからふたつ以上の根拠をあげることだ。これらの条件を満たしたうえで，それぞれの課題についてマイナス面の補完だけでなく，プラス面を伸ばすといった深い捉え方ができていれば「Ａ○」評価になる。最高評価を得た解答の一例は，つぎのようなものだ。

　　取り組むべき課題は，外国とのかかわりを深め，多文化社会を築いていくことだと思います。外国人を日本にたくさん呼び込むと，少子高齢化で問題になっている働き手の不足を解消できます。さらに多くの文化から新たな思想がうまれ，成熟した多文化社会にもなれます。そのために，一人一人が外国語を学ぶなどで社会全体の体制を変えていくことが必要だと思います。

　中学３年生にこのレベルを求めるのでは，生徒が「論述は難しい」と感じるのも無理はない。教員にとっても，採点にかかる労力は大変なものだ。思ったことを感想文的に書くのではなく，示された条件を満たしつつ論理的に書くのは，なかなかハードルが高い。しかし，近年の滋賀県での高校入試や，その先の大学入試でも論述力が必要となってきていることからも，この能力は高めておきたい。

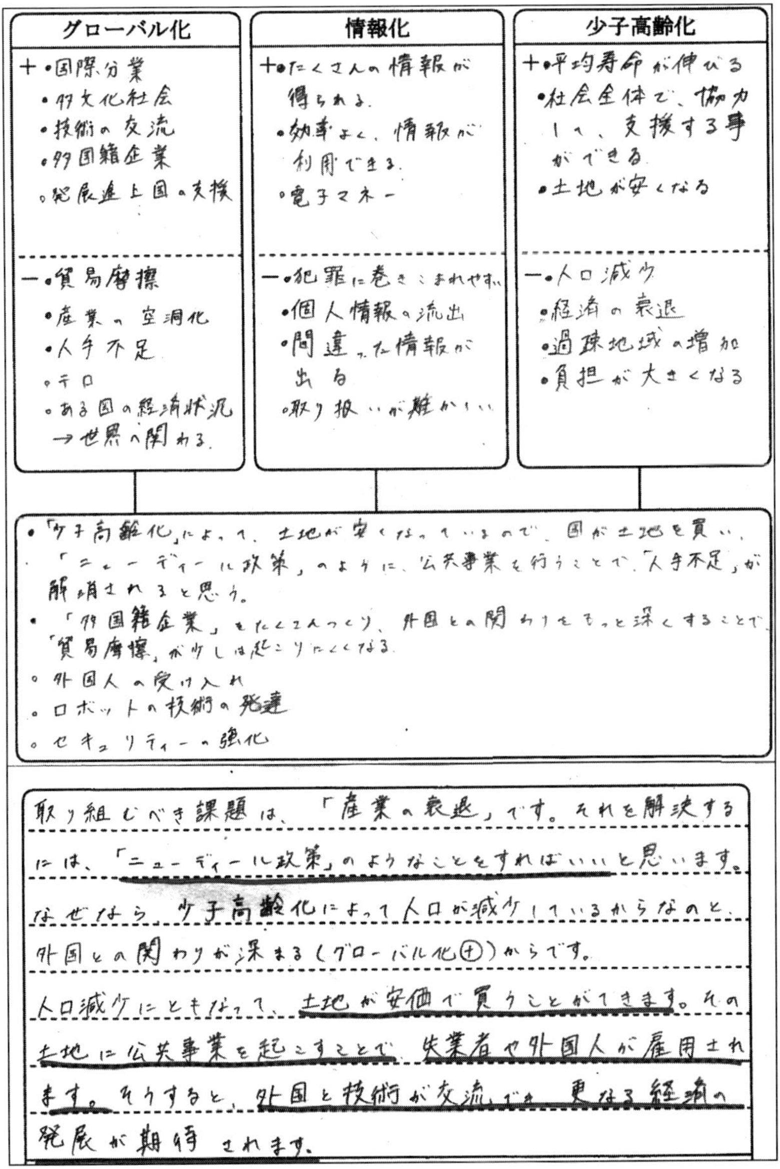

グローバル化	情報化	少子高齢化
＋ ●国際分業 ●多文化社会 ●技術の交流 ●多国籍企業 ●発展途上国の支援	＋ ●たくさんの情報が得られる. ●効率よく、情報が利用できる. ●電子マネー	＋ ●平均寿命が伸びる ●社会全体で、協力し、支援する事ができる ●土地が安くなる
ー●貿易摩擦 ●産業の空洞化 ●人手不足 ●テロ ●ある国の経済状況 →世界へ関わる.	ー●犯罪に巻きこまれやすい ●個人情報の流出 ●間違った情報が出る ●取り扱いが難しい	ー●人口減少 ●経済の衰退 ●過疎地域の増加 ●負担が大きくなる

- 「少子高齢化」によって、土地が安くなっているので、国が土地を買い、「ニューディール政策」のように、公共事業を行うことで「人手不足」が解消されると思う。
- 「多国籍企業」をたくさんつくり、外国との関わりをもっと深くすることで「貿易摩擦」が少しは起こりにくくなる.
- 外国人の受け入れ
- ロボットの技術の発達
- セキュリティーの強化

取り組むべき課題は、「産業の衰退」です。それを解決するには、「ニューディール政策」のようなことをすればいいと思います。なぜなら、少子高齢化によって人口が減少しているからなのと、外国との関わりが深まる（グローバル化＋）からです。

人口減少にともなって、土地が安価で買うことができます。その土地に公共事業を起こすことで、失業者や外国人が雇用されます。そうすると、外国と技術が交流され、更なる経済の発展が期待されます。

図3-6 クラゲチャートから論述への展開例（3年社会科）

共通理解を作る

　説明・文章化能力のような「外への表現」の力を伸ばすために，2016年度からは生徒向けの「有意義に意見交流するための授業心がけ10か条」を定めて教室に掲示している。それはつぎのようなものだ。

　　有意義に意見交流するための授業心がけ10か条（生徒向け・教室掲示）
　　① 授業のあいさつでは，しっかりと声を出しましょう。
　　② 授業の目標やねらいをしっかりと理解しましょう。
　　③ BT や「情報の時間」で学んだ「学び方」を活用しましょう。
　　④ 問いに対して，自分の意見を，思考ツールなどを使ってしっかり
　　　とまとめましょう。
　　⑤ 「交流タイム」では，クラスの人と気軽に意見を交流して，他の意
　　　見を知りましょう。
　　⑥ 発表では，みんなの方を向きましょう。発表を聞くときは，発表
　　　をしている人を見ましょう。
　　⑦ 発表では，まず結論を，次に根拠や事実，理由を述べましょう。
　　⑧ 他の人の発表を聞くときは，共通点と相違点を整理しながらメモ
　　　しましょう。
　　⑨ 他人の発表について，共通点を認め，相違点からつっこみを考え，
　　　学習を深めましょう。
　　⑩ 意見交流によって新たな方策を見出したり，みがかれた判断がで
　　　きたりするようにしましょう。

　探究的な学習活動を実施する上での重要な心がけを書いたもので，まずは個々の生徒の「外への表現」の場である，意見交流の場面から改善していこうとしている（図3 - 7）。

　本書の執筆時点では10か条を作ってから２年なので，生徒に定着してい

第3章　生徒が変わる

図3-7　校内に掲出された生徒向け10か条

るとまではいえない。しかし，教室の最前列の生徒が発表するときに，わざわざ振り返ってクラスの全員に向かって話している様子などをみると，⑥を意識してくれているのだなと感じる。

　この10か条は，生徒にやってほしいことを教員にリマインドさせる効果もある。実は生徒向けの10か条とともに，教員向けの「授業の共通理解10か条」も作り，教える側の意識の統一と徹底を図っている。教員向けの10か条はつぎのようなものだ。

　　授業の共通理解10か条（教員で共通理解）
　　〈まずは授業の基本を意識しましょう〉
　　○授業では目標やねらいを明確にしましょう

91

○基本的規律を大事にしましょう。

（起立して発言，挙手を求める，礼とあいさつ，敬称をつけて呼ぶ，机をしっかりつける）

○「創造的」思考・判断・表現については，あくまで「論理的」との関係の中で成り立ちます。

〈探究的な学習展開〉

① BT や「情報の時間」を意識して探究的学習活動の練習問題を取り入れましょう。

（A条件の下で課題を設定→B情報収集→C整理と分析→D発表と交流→Eまとめ→F新たな課題）

（研究授業はこの要素を実践　積み重ねが探究的な学習につながります）

② 生活で起こりうる，実際の場面を想定した課題設定を行いましょう。

③ 探究活動の際は，1時間や数時間の見通しや計画を立てさせましょう。

〈交流場面〉

④ 発表前に自分の意見を持たせたり，「交流タイム」で近くの生徒と意見交流させたりしましょう。

⑤ 発表はまず結論を，次に根拠や事実を述べさせましょう（三角ロジック）。

⑥ 発表を聞く生徒は，共通点と相違点を思考ツールなどに整理しながらメモさせましょう。出た意見を板書やホワイトボード，ICT等を使って教室内で共有しましょう。

⑦ 他人の発表について，共通点を認め，相違点から指摘を考えさせ，質問させましょう。

第3章　生徒が変わる

⑧　交流によって新たな方策を見出したり，みがかれた判断をさせた
　　りしましょう。

〈授業の形態や教具〉

⑨　必要に応じて意見交流しやすい座席配置や意図して組んだ学習グ
　　ループを活用しましょう。

⑩　論理的・創造的な思考・判断・表現が進むような思考ツールや
　　ICT の活用を心がけましょう。

　これらの教員向け10か条は，校内研究会の際に毎回のように資料に印刷
し，教員がよく利用する印刷室にも掲示して，折に触れて教員が思い出す
ようにしている。また，学習指導案で10か条のうちの最低ひとつは活用し，
どれを重視したかを指導案中に明記している。

　冒頭にある「授業では目標やねらいを明確に」などは，教員にとっては
「基本動作」だともいえる。だが，ともすればここがあいまいになり，薄
い授業になってしまうこともある。もし教員が自分の授業に自信をなくす
ようなスランプに陥ったときなどにも，この共通理解は役に立つだろう。
若手の教員にとっては，アクティブ・ラーニングを展開していくうえでの
道しるべにもなる。視察に来た他校の教員たちからは，これら二つの10か
条を持ち帰って自校でも広めてみたいとの声も出ている。こういうことが，
大学附属学校が公立校にしている具体的な貢献だといえる。

参考文献

七里広志　2016　「社会科における単元を通した言語活動と評価―思考ツール，論述
　　を継続的に活用して―」『平成27年度（2015年度）研究紀要』第58集，滋賀大学
　　教育学部附属中学校，26-33頁。

第4章　教員も変わる

　これまでにみたように，本校では全教員が「BIWAKO TIME」(BT)
や「情報の時間」を担当する。また，教員には「授業の共通理解10か条」
などを通して，各教科でBTや「情報の時間」とのつながりを考えた授業
を意識することを求めている。それによって探究型の授業をする姿勢が教
員に身につき，授業スタイルが変わっていく。

　本校の教員のほとんどは，滋賀県内の公立校から異動してきて，数年後
に再び公立校に戻ったり，行政職に異動したりする。毎年数名の教員が入
れ替わることから，本校の特色ある教育を，新任の教員が引き継がなけれ
ばならない。

　本校に来るまで探究型の授業をしたことがない教員も少なくない。そう
した教員たちを10年以上も見つづけていると，最初は本校でカルチャーシ
ョックを受け，悩みながらも授業力を確実に向上させて，それを異動した
先で活かしている者が多いことがわかる。

　この章では，各教科でどのようにして授業力に磨きをかけているのか，
2017年度に本校の教壇に立っていた教員たちの声を紹介する。

国　語

文章の論理構造を可視化し，批判的読みの力を育む
説明的文章教材の指導方法

井上哲志

　「批判的読み」とは，文部科学省［文部科学省 2006］によると「内容，形式や表現，信頼性や客観性，引用や数値の正確性，論理的な思考の確かさなどを『理解・評価』したり，自分の知識や経験と関連づけて建設的に批判したりするような読み」のことである。PISA 調査において日本の高校生の「読解力」が他の能力と比して思わしくなかったことを受け，授業改善の重点目標のひとつとして掲げられた。それは，高度情報社会を生き抜くために必要な，文章を読み，自分の意見を持つことや，ひいては自己を確立していくことに資する能力を授業の中でつけることを目指すためであり，従来のような書かれたことを効率的に「受け取る」ことができるよう，授業者がその読みを一方的に教え込むスタイルの授業からの脱却を図ったものである。

　ところで，本校では第 1 学年の 6 月に「情報の時間」において「分析しよう」という単元に取り組む。情報を「分析」するために，ベン図を用いて対象から共通点や相違点にあたる情報を取り出すこと，ロジックツリーを用いて対象の構成要素を階層的に，また，より具体的に細分化すること，そして，ピラミッド・ストラクチャーを用いて課題の解決に取り組むという流れの単元である。

　ロジックツリーやピラミッド・ストラクチャーは作り方こそ違え，ともに樹形の図である。そして，抽象度によって階層が分けられ，構成要素が

細分化した形で可視化される。この樹形構造は，主張を論拠によって支え，事例がその信憑性を保証するという説明的文章の論理構造と似ている。そこで，これらの樹形図をまとめて「ロジックマップ」と名づけ，大まかにいうと「主張」・「論拠」・「事例」が樹形につながるマップを作り，段落による構成を読むのではなく，より俯瞰的に文章の論理構造をとらえるために，そのつながりを可視化することに取り組んだ。

この方法で文章をとらえることにより，「批判的に読むこと」に関わる次のようなことが可能であることがわかってきた。まず，文章を読んで納得がいかなかったり，理解しにくかったりすることの原因を，文章の論理構造に求めやすくなったということである。そのことにより，たとえば，「意見は述べられているが，それを支えるべき事例が書かれていないので，信憑性に欠ける」ことや，「同じ論拠からふたつの主張が述べられているので，筆者が最も伝えたいことが不明瞭になる」ことなどが生徒の口から語られるようになった。

次に，「筆者が述べていること」と「筆者が述べたいこと」を対比し，本文に立ち返って「どう表現されるべきであるか」という視点から文章を批評することができたことである。具体的には，「筆者が主張したいことをより効果的に読者に伝えようとするならば，段落構成に工夫の余地がある」という指摘や，「筆者は意図的に省略しているのかもしれないが，誤解を防ぐためにも理由づけをきちんと書くべきだ」という指摘が意見交流の中でみられるようになった。これは，ロジックマップを用いて「筆者の論理」を読み取り，それを足がかりに「論理的に読む」学習活動につなげたことで，「内容，形式や表現，信頼性や客観性，引用や数値の正確性，論理的な思考の確かさなどを『理解・評価』」することができた例である。

現在は，生徒が説明的文章を自分の知識や経験と関連づけて建設的に批判しながら読む力を身につけさせたいと考えている。そのために，まず，単元の前半で説明的文章の「話題」と「主張」を読み取り，その「話題」

や「主張」に関して生徒自身が持っている知識を同心円マップ上に可視化しながら，生徒の考えや知識と筆者のそれを対比してとらえる活動に取り組ませている。次に，ロジックマップを作ることや本文の表現を再び吟味することを通して，筆者の取り上げた「話題」は，「主張」するために適切な「話題」なのか，または，「主張」するために「事例」や「理由付け」は適切だったのか，自分の考えを持つことを課している。このような学習過程においても随所で生徒は「情報の時間」で身につけた「論理的思考」や「思考ツール」を十分に応用していると感じている。

　このように，「情報の時間」の単元構成を工夫し，指導に当たった経験は，自分が従来行ってきた説明的文章の指導方法から一歩踏み出すためのアイディアと方向性を見出すことにつながっており，その実践を支えているのは「情報の時間」に学んだ本校生徒の力であるといえる。

参考文献

文部科学省　2006　「読解力向上プログラム」
　http://www.mext.go.jp/a_menu/shotou/gakuryoku/siryo/05122201/014/005.htm

国語の授業力を向上させる BT と
「情報の時間」と「思考ツール」

北村拓也

　わたしが本校に赴任した年に学習指導要領が改訂され，「単元を貫く言語活動」を通して国語の力を身につけていく授業を行うことになった。学習指導要領解説に言語活動例が示され，それをまねて授業を行ってみたが，うまく進まないことが多かった。「いったいどのようにすれば，国語の力を身につける授業が行えるのか？」と思い悩む日々であった。そんなとき，

表4-1　BTの学習の流れ

BTの学習の流れ	国語の授業の展開や場面とのつながり
課題設定	「言語活動」や単元の学習課題の設定／本時の学習課題の設定／単元の導入での動機づけ／作文やスピーチのテーマを決める　など
情報収集	本文中から課題解決に必要な情報（事実）を取り出す／作文やスピーチに用いる事実（根拠）を集める　など
整理と分析	本文中から取り出した情報から共通点や相違点を見つけ，解釈をする／集めた事実から考察や理由づけを導き出す　など
発表と交流	解釈した意見を発表する／スピーチをする／グループや学級で意見交流をする　など
まとめ	再度自分の意見をまとめる／身についた力や発揮した力を振り返る　など
新たな課題の発見	達成できなかったことや興味を持ったこと，これから活かせる場面を想起する

この悩みを解決してくれたのが，BTと「情報の時間（以下「情報」）」，そして「思考ツール」である。この三つからの学びは，わたしの大きな財産である。

　BTは，「課題設定→情報収集→整理と分析→発表と交流→まとめ→新たな課題の発見」の流れで行われている。これを国語の授業展開や場面に当てはめると，表4-1のようになる。

　BTの学習展開と国語の学習展開はつながっている要素が多く，授業の展開を考える中で行き詰ったときに，BTの学習の活動と関連して考えると，解決策を見つけることができた。

BTでのテーマ決定の学習展開を活かした授業実践例
○教科書の本文を資料として「情報社会の生き方」をテーマに小論文を書かせる授業で…
①「情報社会」をキーワードに，既存の知識やイメージをマッピングする→②本文を読んで，新たに得た情報をマッピングする→③インターネットで，さらに新しい情報をマッピングする→④広がったイメージから，小論文に書くテーマを決める。

第4章　教員も変わる

BTでの「問い」を立てる学習展開を活かした授業実践例
○「平家物語～敦盛の最期～」から敦盛の人物像に迫る「問い」を設定する
授業で…
①敦盛の人物像が読み取れる描写をピックアップする→②その描写からどの
ような人物像がわかるか仮説を立てる→③仮説を踏まえて，それに結びつく
「問い」を立てる。

　常々，「論理的に読む力」や「論理的に書く力」といった論理的思考力
を，国語を通して生徒に身につけさせたいと思っていたが，難しいものが
あった。なぜならわたし自身，「論理的とは何か」や「論理的に読むとは
具体的にどうすることなのか」，「どうすれば論理的に書けるのか」といっ
たことを教わってこなかったからである。そんなわたしに「論理的」を教
えてくれたのが，「情報」にある「論理的に理解しよう」の単元である。
この単元を担当することで，自分自身の論理的思考力が向上したと感じる。
特に大きかったのが「論理の三要素」である「事実」と「理由づけ」と
「主張」のつながりを図式化した「三角ロジック」との出会いである。「三
角ロジック」を用いて論理的に思考することで，「論理的に読むこと」と
「論理的に書くこと」が具体的にわかってきた。
　「論理の三要素」を国語に当てはめると表4-2のようになる。この視点
を意識して国語の授業を行うと，生徒は論理的に考えることができた。ま

表4-2　論理の三要素

| | 論理的に読むとは？ | | 論理的に書くとは？ |
	「説明的文章」では	「文学的文章」では	
事実	本文中のデータ・具体例・事例・体験談など	人物，行動，心情，情景などの描写	文章に書くデータ・具体例・事例・体験談など
理由づけ	筆者の考え・判断など	描写から導き出した考え	主張を支える考え・判断など
主張	結論・提案など	自分の解釈	最も伝えたいこと

99

表4-3 国語の授業での思考ツール活用例と学びの成果

学習課題	思考ツール	身につける国語の力
登場人物を比較する	ベン図	人物像は，人物描写や行動描写から読み取ることができる。（対比から発見できる共通点が，あるいは類比から見つかる相違点が，実は作品を理解する上で重要である。）
物語の展開を捉える	プロット図	心情は，心情描写や行動描写，情景描写から捉えることができる。（主人公の心情が最も変化する部分に着目する。）
古典からおもしろさを発見する	フィッシュ・ボーン図	主張と理由づけと事実をつなげて，論理的に意見を形成する。（物語のおもしろさとは「設定の工夫」「場面展開の工夫」「心情の変化」「描写の工夫」にある。）

た，「事実→理由づけ→主張」を結びつける魔法のことばが「だから・つまり」であり，「主張→理由づけ→事実」を結びつけることばが「なぜなら」だと理解させると，生徒の「論理的思考力」の向上につながった。

本校に赴任して今年で10年目であるが，思考ツールを国語の授業に取り入れる実践を積み重ねていくことは，わたしを成長させ，授業を大きく変えてくれた。国語の課題の出し方でよくある言葉が，「読み取りましょう」や「まとめましょう」，そして「考えましょう」である。しかしこれでは「どのように」の部分が曖昧で，生徒にとって不親切な提示の仕方である。思考ツールは「比較する」「分類する」「構造化する」などの，思考の方法と思考の流れを教えてくれる。思考ツールを国語の授業に取り入れたことで，「具体的に国語を教える」ということが可能になった。さらに，思考ツールは頭の中を可視化することになるので，それを分析することで，「身につける国語の力」が明確になってきたことも，大きな成果である（表4-3）。

国語の授業は「単元を貫く言語活動」を発展させ，「アクティブ・ラーニングの視点からの授業改善」が求められている。それを可能にするヒントは，「BT」と「情報」と「思考ツール」にある。本校の財産からさらに吸収して，学びの多い国語の授業が行えるように成長していきたい。

社　会

交流を通した社会的思考力・判断力を高める社会科授業にむけて

橋本正輝

　一般的に社会科という教科は，地図と地名，地域的特色，歴史の年表な
どを覚えることが社会科の学習というように「暗記教科」というイメージ
が強いように感じる。確かにインプット（記憶）として多くの内容を覚え
ていく必要があることは間違いないことである。しかし，インプットした
内容を正しくアウトプットできる，つまり他の人に説明できることも大切
な社会科の要素であるだろうし，どの教科にも通じる要素であると考える。
　本校でBTのベースルームを担当を通して考えたこととして，自分たち
が進めてきた調査研究での成果をいかに他の人に分かりやすく伝えること
ができるかということがある。模造紙に図や地図をまとめ，スライドを活
用して，とせっかくよい内容であっても発表の際に伝えるための原稿が上
手くまとめられていないと調査研究の成果が伝わりにくい。一方で，多少
調査研究の内容が不十分であっても原稿のまとめ方によっては十分に相手
に伝えることができると感じた。
　私は，論述とは自分の考えや意見を筋道立てて他者に述べることであり，
他者に内容が伝わらなければ十分なものとはいえないと考える。このこと
は，BTにおける調査研究の発表での原稿にも通じるものがあるであろう。
　そのため，私はBTの担当を通して，教科の学習においても，自分の調
べた内容や考えた内容をいかに他者へ伝えていくか，そのためにどのよう
にまとめていくかに取り組み，文章にまとめた内容を通して，自分の考え
や意見を他者に伝える力を育てる活動を取り入れ進めてきた。その方法と

しては次の通りである。

　まずは，与えられた資料から問題に対する答えを導き出すため，資料を整理して内容を分析して自分の考えをまとめていく作業を行う。その際，生徒たちは資料を整理していく手段として，思考ツールを活用していくことは「情報の時間」の学習を通して身につけているため，必要以上に説明を加えることはしなくても大丈夫である。その点においては，「情報の時間」において身につけたことが教科の学習にも活かされているといえるのではないだろうか。私自身の授業において論述を進めていく課題として，たとえば，「世界の文明の共通点は何だろうか？」や「道路の拡張のために立ち退きをせまられたＡさんの思いと市の思い，近隣住民の思いを考えてみよう」などのように，資料の比較を行い，考えを論述していく機会が多いため，使用する思考ツールについても「ベン図」や「マトリクス」，「Ｔチャート」などが中心となっている。

　次に，思考ツールに整理したことをもとに，問題に対する自分自身の考えや意見をまとめさせていく。たとえば，「世界の文明の共通点は何だろうか？」の問いであれば，ベン図でまとめた共通点から自分の考えを文章にしていく。

　ただ，自分ではよく分かると感じられる文章であっても，他の人にとっては分かりにくい文章かもしれないので，それぞれの考えがまとめられたところで意見交流を行っていく。その際に，全体で個人の意見を発表させる方法もあればグループの意見として発表させる場合もある。

　全体での発表をさせる前段階として，「交流タイム」を行っていく。「交流タイム」とは近くの座席の生徒数人との間で意見交流をもつことである。まずは数人に自分のまとめた内容が伝わるのか，もし伝わらない場合どこがわかってもらえないところなのかを知ることが大切であると考えるためである。したがって聞く側の意識も大切になるため，「なるほど（納得）」なのか「どうして（疑問）」なのかを聞く側の生徒に整理をさせながら聞

第4章 教員も変わる

かせることが必要となる。そのため、交流の機会の際に、「なるほど・どうしてマトリクス」を用いて整理させることもある。ここでも思考ツールを用いることで自身の考えを整理させ、相手はもちろん自分自身にもフィードバックさせることができるだろう。個人の意見を発表させる場合、うまくまとめている生徒のものを示すことが多い。それにより、まとめる方法を学びまとめる技術も上がると考える。

いかに多くの人に自分の考えや意見を伝えていくことができるか、今後もBTから教科につながる学習を進めていきたいと思う。

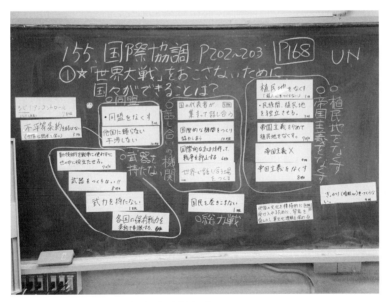

▶マグネットシートで交流（5年生社会科）

数　学

情報の本質を捉え，活用場面を想定した数学科の指導の工夫

高橋利彰

　平成29年の学習指導要領では，数学の学習の内容の中に「資料の活用」という単元があり，その単元目標は「目的に応じて資料を収集し，コンピュータを用いたりするなどして表やグラフに整理し，代表値や資料の散らばりに着目してその資料の傾向を読み取ることができるようにする」とある。学習内容の中に，平均値や中央値などから代表値を求め，資料の傾向を捉え，目的に合わせてグラフを活用して説明するなどが含まれている。それらは「情報の時間」のねらいである情報活用能力と関連があり，数学科での統計的な内容は「情報の時間」と密接な関係にある。それ故に，数学科の私が，「情報の時間」を担当する意義は，数学科としての専門的な知識と教授経験を期待されていたからである。

　私は，「情報の時間」では，「情報の本質」や「データの活用」「情報量とデータ量」を担当した。担当をする中で，数学での授業に影響を与えたことが，「情報の本質」の単元における教材開発と授業実践である。この単元では，与えられた情報を鵜呑みにせず，批判的な見方でもって情報を見ることで，情報の本質を見抜く力を養うことを目標にしている。そこで，批判的思考力を養うために意図的に操作されたグラフを教材に用いた。内閣支持率を示したグラフや「こんにゃく入りゼリーの窒息，重症率85％」を示したグラフを使用した。それらのグラフは，一見するとグラフが示す通りであるが，他の視点から見るとグラフが示していることに疑いが出てくるものである。制作者の目的に合わせてグラフは作られているために，

104

グラフによる表現は必ずしも正確に表現されているわけではない。そのためグラフの欠点を見抜く力を養い，情報の本質に気がついてほしいと考えている。数学の学習内容では，50m 走の記録やハンドボール投げの記録などから代表値を求め，ヒストグラムを利用して資料の傾向を視覚的に表すことをしている。ヒストグラムの階級幅を変えることで，ヒストグラムの視覚的な印象が大きく異なり，目的に沿った表し方を学習するが，批判的な見方でグラフを考察する学習が，時間的にもできていない。むしろ，知識や技能の習得と資料の傾向を読み取ることが中心となって単元が構成されている。そこで，批判的な見方でグラフをみて，グラフが示している事柄を正確に受け取る見方や考え方を育てるのが重要だと感じた。そのことが数学を指導する際に活きていると感じている。

2016年度の数学科の研究テーマを「数学的リテラシーを育てる数学指導のあり方」とした。この中では，統計の基礎的な知識や方法を理解し，それらを用いて，資料の傾向をとらえ説明する力を養う。その際に，「情報の時間」での情報の見方・考え方と BT での活用場面を想定して指導にあたることで，学習のつながりを持たすことができると考えたのが，この研究テーマを説明した理由である。BT で行う意識調査などの情報収集では，集めたデータを整理し，分析する際に数学的な見方・考え方は欠かせない。数学で学んだ知識・技能を活用できる場面を想定して指導にあたることは，生徒にとってもつながりがあり，学ぶ意欲につながると考える。その結果，BT の53グループ（2016年度実施）において，73%のグループがグラフを使って整理・分析をしている。グラフの中でも，円グラフを用いてデータを整理しているグループが多く，半数のグループに使用がみられた。生徒たちが使っているグラフは，小学校で学ぶ円グラフや棒グラフが多く，中学校で学ぶヒストグラムなどを使っている班はなかった。けれども，調査研究の中で明確な根拠をもとに考察する力や数理的に考えるプロセスを重要にしている様子がみられた。特に，数学で培ってきた数学的な見方・考

え方は発達段階に応じた深まりがあり，調査研究の中に活かされているように感じている。また，新学習指導要領では，箱ひげ図が指導内容に入ってきており，統計教育の内容がより充実している。これから指導していく中で，BT での活用場面を想定した教材の開発や指導実践を積み上げていくことが重要であると考えている。

　数学指導する上での理念は，数学的活動を通して数理的考察力を養うことで，数学で学んだ力をどのような場面でも活かせるということである。本校の BT は，数学で学んだことを活用する絶好の場であり，「情報の時間」は，情報の見方・考え方を深める機会である。数学と BT と「情報の時間」で学んだことがそれぞれの経験も踏まえて互いに影響し合い，関連づけていくことが，生徒たちの力を高めていくことになるだろう。BT や「情報の時間」を担当することで，私自身が情報の見方・考え方を深め，数学で学んだことを活用する場面を想定して指導に当たることができた。

「情報の時間」，BT と「数学科」との関連性を考える

山下　亮

　私は2016年度に本校に赴任してきた。「情報の時間」や BT の時間を担当することになり，その当時から現在に至るまで自分の数学科としての専門的知識を「情報の時間」や BT の中でどうすれば生かすことができるかと日々試行錯誤している。その実践を通して，私が今思う「数学科」と「情報の時間」や BT との関連性についての考えを述べたい。

　「情報の時間」では，2016年度は「データの活用」，2017年度は「データ量と情報量」という分野を担当した。この2つの分野では，数学的な知識を指導する場面があった。「データの活用」の分野では，コンピューターの思考回路を指導する上で「2進数」について指導する場面，そして

第4章　教員も変わる

「データ量と情報量」の分野では，「中央値」や「平均値」について考える場面である。「2進数」については中学校の数学科で指導する場面はないが，私が持っている専門的知識をそこで生かすことができ，数学科の知識が「情報の時間」へとつながる実感を得ることができた。「情報の時間」の担当分野は毎年変わるのだが，このように自身の教科特性をこれからも生かせればと考える。

　BTでは，生徒が各々のテーマを設定して調査活動を進めていくわけだが，その中で，調査してきたいろいろな数値はその資料の特色を示すデータとして非常に重要なものとなる。例えば，ある地域の降水量や人口などといった数値がそうしたデータである。また数値は多くの場面においてグラフ化されることもある。この数やグラフを扱う力は数学科で身につけるものであり，それがBTで活用されることが重要なのではないだろうか。具体的には，1年の「比例・反比例」「資料の整理」，2年の「1次関数」，3年の「$y=ax^2$」「標本調査」といった単元がそうである。これらの単元では，実際にBTで起こりうるような場面を設定しながら数やグラフを扱う力を身につけさせる取り組みを行っている。また単元の中でも，1年の「資料の整理」や3年の「標本調査」は一般的には1年間の最後の単元に位置づけられているので，年度の終わりがけに指導するのが一般的だが，本校ではBTにおける調査活動との関係で1期から2期のはじめにかけて指導するように年間指導計画を立てている。以下にその授業実践を示す。

BTを意識した各単元における授業実践例
　1年「資料の活用」
　あるテーマに基づいて集められたデータについて，まずどういう特徴があるかを考えさせ，さらにその特徴を強調するための整理の仕方（表やグラフに表すなど）を考える。

107

1年「比例・反比例」，2年「1次関数」

過去から現在に至るデータを座標平面上でプロットし，そのデータをもとにして増加率や減少率について予測し，数値を計算で求める。

3年「標本調査」

あるテーマにおける街頭アンケート（一部）のデータから，どのように考えていけば全体のデータの傾向を考えることができるかについて学習し，また計算して近似値を求める。また，その近似値が実測値とどれくらいの誤差があるのかを比較する。

2017年度の本校の研究テーマにおいては，「探究的学習活動」を軸に取り組んでいる。この探究的学習活動では，「課題の設定→情報収集→整理と分析→発表と交流→まとめ→新たな課題」という六つのプロセスを意識した取り組みをしている。この六つのプロセスを数学科の授業にもできる限り取り入れていくことで，より探究的なBTにつながるのではないかと考え，自分自身の研究テーマとも絡めて日々の授業構成を考えている。前項で述べたBTで起こりうる日常の事象を扱うこととは別の視点に立ち，思考のプロセスに重点を置いた授業実践も行っている。以下にその授業実践を示す。

探求的学習活動のプロセスを意識した授業実践例

実践事例 ①

1年「トランプゲームの必勝法を考えよう（正の数・負の数)」

意識した思考のプロセス……「情報収集」「整理と分析」「発表とまとめ」

学習内容

様々なルールや制約があるトランプゲームにおいて，どのようなことを意識すればゲームに勝てる可能性が高くなるのかをゲームを実践する中で模索

第4章　教員も変わる

する。各々が思う必勝法をクラス内で交流し，その後それらの必勝法を意識
して再度ゲームを実践する。

実践事例 ②
２年「自分で数の規則性を探そう（文字式の利用）」
意識した思考のプロセス……「課題設定」「整理と分析」
学習内容
　「奇数同士の和は偶数」「カレンダーのある日の数の上の段の数と下の段の
数の和はある日の数の２倍」といったような身近にある数の規則性について
自分で探し出し，その規則性を推測し，実際にそのことがどのような条件で
も成り立つのかについて文字を利用して調べる。

109

理　科

探究的学習活動における論理的な思考と，
対話的な学びを目指して

太田　聡

　ピラミッド・ストラクチャーとは，もとをたどればビジネスの現場で用いられてきた，論理の構造を可視化する手法のひとつである。本校でのピラミッド・ストラクチャーの活用は，中学1・2年生向けの理科自由研究計画と，研究の進め方の相談に対する指導用に改良し，適用したのがきっかけであった。従来，自由研究の指導は，研究テーマ，研究の内容，研究の方法，日程の計画などを一枚の計画シートに書かせ，教員がそれに目を通し，コメントを返す形式で行ってきた。しかし，この方法では，教員が生徒の意図する研究計画の概要を知ることはできても，生徒自身が主体的に探究的な研究を進めていくための準備段階としては，対話的ではない一方的な指導になりがちという弱点があった。そこで，少々の手間と時間は要するが，論理的な思考を促す視点から面談の手法も取り入れ，生徒自身が研究計画を説明する場面を充実させたいと考えた。

　一般的に，論証の手法を用いてひとつの仮説を主張する際，その仮説を裏づける事実が，限られた条件下におけるひとつの事例にすぎないものであったり，曖昧な論拠によるものであったりすると，そもそもその主張と論拠の論理的な因果関係が成り立たなくなる恐れがある。探究的な学習に至るまでの学習過程に関して，点検したり，共有できたりするしくみが重要であった。

　私自身，これまでの自由研究の指導では，生徒に知識や留意事項を一方

110

第4章　教員も変わる

的に伝えた（または，伝えたつもりになった）だけで，研究テーマに対し「本当にそう言えるか？」という問いかけや，生徒の主張する論理構造をつつくような視点を与える指導が，充分に実現できているのだろうか？と自問自答していた。また，生徒自身が研究テーマに対して，主体的に「なぜ？」と問い続ける姿勢で，論理的に迫れていたのか？という指導上の反省を経験してきた。これらの経験を踏まえ，論理の構造を視覚的に点検し学習情報を共有するべく，「ピラミッド・ストラクチャー」を指導に活かす取り組みをスタートすることとした。

　時期を同じくして，2013年よりBTにおいても，ピラミッド・ストラクチャーを用いた指導を開始した。ここでは，教科単独で導入する場合とは異なり，全教員と全校生徒とを対象に，ピラミッド・ストラクチャーの具体的な扱い方や，BTにおける活用のねらいである「論理的とは何か」という指導内容に関して，共通理解を丁寧に図る必要があった。そこで，教員向けには，校内研修を通して理解を図るとともに，生徒向けには，「情報の時間」において，BTでリーダー的な役割を担う3年生を対象に，三角ロジックの概念などについての指導を並行して進めていった。

　我々が論理的に物事を述べるときには，主張はもちろんのことながら，それを裏付ける事実とともに論拠を示す必要がある。一般的に三角ロジックといわれるものである。ピラミッド・ストラクチャーは，我々が各要素同士の関係性を俯瞰し，それらの関係を互いにつなぎ合わせ結論を導く際に，因果関係や事実としてのデータの下支えが妥当なものか，確認しながら論理を組み立てる作業を助ける道具であると考えている。

　毎年BTでは，50ほどもある各グループから，同数の研究テーマとそれに伴う研究仮説が作り出される。指導する教員は，以前なら生徒が計画書に記述した内容に関して，研究計画や内容のモレや，ダブり，論理的な不備などを把握し，指導することに極めて多くの時間を要してきた。チームとして取り組んでいる生徒間の情報共有については，なおさらそうであっ

111

たことだろう。研究計画や進捗状況の把握の際には、項目ごとに焦点を絞って、教員から生徒へ質問を投げかけたり、生徒間で研究の準備として不足している点などを指摘したりすることになる。その際にピラミッド・ストラクチャーを活用すると、次の二つの利点が認められ利用が広まってきた。

　　（1）研究を進めている各個人が、研究内容が論理的かどうか、妥当性を確認しやすくなる。

　　（2）考えを伝えようとしている個人だけでなく、共同して研究に当たっているチームや指導する教員が、どのような根拠や事実に基づいて結論を出したのか、理解しやすくなる。

　ピラミッド・ストラクチャーは、現在では「情報の時間」やBT、CTをはじめ各教科においても、活用場面の明確な思考ツールのひとつとして、教員・生徒間で広く認知されるようになった。また、他校においても、本校の取り組みを参考に実践し、成果が出てきたという報告もすでに受けている。

　本校の校内研究では、全教員が教科の枠組みを超えた多角的な視点で探究的学習活動に関する工夫や研究を重ね、それを共有しようと努めてきた。また、生徒自身が学習情報を整理・活用し思考する機会を確保するための授業改善もおこなってきた。このような地道な努力を継続できたことが、本校の大きな強みであると分析している。

第4章　教員も変わる

音　楽

総合学習から音楽科への実践に向けて

森　美幸

　私は本校に赴任した2010年から現在までの8年間，毎年BTと「情報の時間」とを担当してきた。当初からくらべると内容も少しずつ変化し，それと共に私自身も試行錯誤する中で，多くのことを学んだように思う。

　私が担当した「情報の時間」で一番多かった単元は，1年生で行う「発表しよう」という単元であり，よりよい発表に向けて進めていく内容となる。全5時間中4時間はVTRからの分析やゲーム感覚で進めるものであった。VTRからの分析では，ニュースや演説から伝え方の分析を行ったが，生徒はVTRを観るだけで「伝え方の工夫」に関するポイントを次々と挙げていった。生徒の何気ない発言や小さな気づきにまで目を向けつつ，本題へとつなげていく展開ができるようになった。

　これまで私自身の音楽の授業では，鑑賞分野の作曲者等の紹介は教員側から「知識」として与えていく内容であった。作曲者についての項目では，教員が一方的に説明しており，生徒側からの発信は教科書からの読み取りの発表といったものであったが，「情報の時間」を通して教員側の発信方法が変化していった。少しの情報からでも生徒に読み取らせ，つぶやきや何気ない発言も本題へとつなげていくことが増えていき，そのスタイルが定着してきた。

実践例 ①

【鑑賞：1年生ヴィヴァルディ作曲「春」・2年生バッハ作曲「フーガト短

調」作曲者の紹介】

　まず初めに作曲者の写真を見せ，既存の知識や見た目に関して発表させる。既存の知識からは名前は出てくるが，それ以外となると時代や国が学級によって出てくるか出てこないかという状況である。しかし，見た目となるとヴィヴァルディやバッハには特徴があり，「髪型がカールしている」や「ヴィヴァルディは女性？　男性？」や「バッハはふくよかである」などの発言がある。生徒にとってこういった内容の発言は，名前や時代のように発表で言うべきかどうか迷う内容となるが，その発言を拾い上げ「カールした髪型はその時代の流行である」や「バッハの食事回数はとんでもなく多かった」などのエピソードに絡めて紹介していくと，生徒の興味関心が高まり，国や時代と関連づけて覚えることができる。

　このように，音楽家の紹介のみならず，すべての内容においてこのスタイルで行うことで，教員からの発信ではなく，生徒に考えさせ答えさせるスタイルへと変化していった。

　また，BT では思考ツールの活用が増えていき，今では生徒自らが考える内容・整理する内容に合わせて思考ツールを選ぶことができるようになっている。私自身も，思考ツールを知るようになってからは，これまで作ってきたワークシートを見直し，どのように工夫したら生徒が記入しやすく使いやすいワークシートになるのかを考えるようになった。

実践例 ②

【鑑賞：１年生ヴィヴァルディ作曲「春」】

　過去の鑑賞ワークシートでは，感受（感じ取り）と知覚（聴き取り）を分けて記入させず，一緒に記入するものであり，「感想を書こう」というような，大まかに考えさせる内容であったが，図4-1のようにした。この曲であれば感受の部分は「ソネット」と呼ばれる詩で表されているためそのソネ

114

第4章 教員も変わる

2．ソネット（14行からなる詩）を手がかりに曲（B C D）を聴き取ろう。

B 小鳥は楽しい歌で，春を歓迎する。	
キーワード	聴 き 取 っ た こ と

C 泉はそよ風に誘われ，ささやき流れていく。	
キーワード	聴 き 取 っ た こ と

D 黒雲と稲妻が走り，雷鳴は春が来たことを告げる。	
キーワード	聴 き 取 っ た こ と

図4-1　鑑賞ワークシート

ットに合う聴き取りを行うことで，普段何気なく感じ取っている音楽の仕組みを理解できるようになる。

〔記入例〕

「小鳥は楽しい歌で，春を歓迎する」→ヴァイオリンの高音で音符も細かく演奏しているところが小鳥の歌のようである。

「泉はそよ風に誘われ，ささやき流れていく」→音と音の高低差があまりなく，隣り合った音で進んでいく形が，ささやき流れるようである。

115

図4-2　縦に見ることができるワークシート

実践例 ③

【創作：様々な雨降りをリズムで表現しよう】

　創作では，リズム楽譜・雨の様子・意図（そのような表現にした理由）を縦に見ることができるワークシートを作成するようになった（図4-2）。

　創作を進めるにあたり，縦に見ると全てが連動しているため，考えやすく，記入しやすいものとなり，再現もしやすくなった。

　このように，生徒が考えやすく見やすいワークシートを工夫することで，教員にとっても授業内容の見直しにつながり，何年も進めてきた授業方法の改善に大きく役立つものとなった。

第4章　教員も変わる

美　術

BTや「情報の時間」による美術科の授業の変化について

西田諭史

　本校に勤務するまでの美術の授業では，個人で考え，アイデアスケッチをして，個人で制作をすることで技術を身につけさせるという流れであった。本校に勤務することになり，約2年が経とうとしている。本校では，教科の授業とは別に，BTや「情報の時間」で授業の流れについて考える機会が多く，自分の授業について改めて振り返ることができた。そこで，探究する流れ，手段や方法などの考え方について，美術科の授業に対する変化を述べたい。

　まず，大きく変化したのは自分自身の意識である。授業では，絵画やデザイン，立体など様々な形で表現したり，そのものについて鑑賞することで理解を深めたりしている。そこで題材ごとに，どうすればより深まるのか，どう考えさせれば楽しく学ぶことができるのかを考えるようになった。美術科において，素材や技法，着眼点，深め方をどのように考えるかにより，生徒の興味や理解，内容が大きく変化する。BTの探究的学習や「情報の時間」を経験したことで，授業のプロセスやアプローチを工夫するようになった。たとえば，BTで行っているように根拠をもとに話を進めていくことで，「なぜ」「どうして」そうなるのかを分析し，そこから生まれる「テーマ・問い・仮説」を立てることで，どこに着目して，こだわるのかが明確になってきた。アイデアを考える上で，この流れが明確になることは作品の内容に，より深く切り込むための大きな要素となる。

　2016年度から取り組んでいることは，発想・構想段階の工夫である。美

117

術科の平成29年学習指導要領には，共通事項といわれるものがあり，「形や色彩，材料，光などの性質や，それらがもたらす感情を理解すること」「形や色彩の特徴などを基に，対象のイメージをとらえること」と書かれている。作品等で表現するときに，上記の内容を何となく説明して制作すると，意識がまばらになり，ただ手を動かすだけの作業になってしまう。そこで，発想を膨らませ，テーマに沿ってまとめ，表現するために，思考ツールを活用している。形や色彩などを，「Yチャート」でそれぞれの観点から考えられるように項目ごとに区分けして考える。それぞれを段階ごとに深めていくために，「同心円マップ」を組み合わせて，出てきたアイデアをひとつにまとめ，作品にしていく。思考ツールの利点は，アイデアをよりはっきりと意識させるために，イメージをイメージで終わらせず，可視化させることで明確にできるところである。しかし，その思考ツールは文字で表すために，文字から絵・絵から文字への変換が生徒にとって難しくなる。その結果，ひらめきを重視する生徒にとっては蛇足になってしまい，活用には多少の慣れが必要になる。ところが，本校ではBTや「情報の時間」，また他の教科でも活用されていることにより，分類・整理・まとめるなどを思考ツールで可視化することは，「普段よくやっていること」である。そのため，作品制作や鑑賞をするにあたり，とても使いやすいものになっている。

　2017年度に意識的に授業改善をしたポイントは，アプローチの仕方である。そこで，「情報の時間」に取り組んできた単元からヒントを得て，作品制作の過程に組み込んでいる。私が「情報の時間」に担当した内容は，「データを集めよう」「情報を表現しよう」である。どちらも集めてきた資料をWordやPowerPointでまとめ，完成したものを活用してプレゼンテーションの形で発表させた。美術科の授業でも自分で情報を集め，その内容をまとめ，プレゼンテーションをすることで，内容を深めるために何が必要でどのように進めていけば良いのかを考える時間を設定している。

何となく授業をしていると生徒はその題材の面白さに触れることなく時間が過ぎてしまう。表現したいことを自分だけの力でなく，話し合いやグループで考えることで，より多角的・多面的に捉えることができる。創意工夫できるかという点においても，何が良くて何が足りないのかという不安定な部分が自信につながり，より良い作品制作になっているのではないかと考えられる。

　BTや「情報の時間」で教員側が気づいたことを教科の授業に活かすことにより，題材の設定や授業の流れに大きな変化が生まれてきた。自分自身も，生徒がこのように進めて行けば楽しく，より深く物事を考えていけるのではないかと考えられるようになった。このことから，BTや「情報の時間」を経験することは，生徒が学び方を学ぶだけでなく，教員の授業に対する意識向上にもつながっているといえる。

▶Y字チャートを黒板へ（3年）

保 健 体 育

体育授業のこれからの実践的課題について

若宮隆洋

　本校に赴任してきて4年目になる。この学校では授業について様々な場面で考えさせられる。自分自身がこれまで行ってきた授業はどうだったのだろうか。授業観察者が見ていたら，また，様々な観察の視点で授業評価を行ったら，そして一番重要な，授業を受けていた生徒たちはどのように感じていたのか，そういったことなどが頭をよぎり，反省と不安と申し訳ない気持ちと自分の力不足を感じることが常にある。

　まず，初任者の頃の授業は先輩の先生方の授業をひたすら模倣しようとしていた。しかし，それは形式的なことだけであり，50分間の授業を教員らしく振る舞うというようなことだけを真似て，単元を通しての見通しや，生徒の様子や気持ちなどといった一番大切なことが抜け落ちていたのが事実である。そのときいろいろと教えてくださった先輩の体育教員の3名はすべてベテランの先生方で，初任者だった私に大変優しく多くのことを丁寧に教えてくださった。今思えば完全に甘えていた。私が初任校に赴任したときの体育の授業は他の教科と違い2クラスを男女別で担当し，私は男子を担当していたのだが，ほとんど2クラス男女合同で授業を行い，女子担当の先輩の先生と2人で授業を行っていた。授業を行いながら先輩から授業方法を学び，困ったときにはすぐに助けてもらえるような，大変恵まれた環境であった。しかし，その恵まれた環境で自らの授業を省みず，「言い放し，やりっ放しの体育授業」を行っていたことが本当に生徒たちに申し訳ないと思っている。その後も，多くの生徒たちと出会い，そして

第4章　教員も変わる

先輩の体育教員から学び，後輩から刺激を受け，様々な経験を積んで会得したことを基に私自身の体育授業を改善してきた。しかし，それも私一人で行ってきたものであり，自分の授業を客観的に観察評価されるということがほとんどなかったのが実際のところである。もしも，診断的・総括的授業評価を授業前に行い，形成的授業評価を授業後に行っていれば，研究授業や発表授業などでなくても，毎時間の授業体験者であり，観察評価者である生徒の思いを活用することができただろう。それによって，授業を改善し私自身の教員としての力を伸ばすことができたのではないかと後悔するばかりである。

　このように，本校に赴任するまでの私は，授業を他者に評価される，観察される，指摘される，批判されるといったようなことがほとんどなかった。まさに先に述べたように，「言い放し，やりっ放しの体育授業」であり，だれからも厳しい言葉を受けない，教員である自分に甘い体育授業であった。私自身は厳しい評価をされないのに，生徒に対しては評価するというのは問題である。観察の視点や評価の視点などについて振り返り，それらをこれからの授業実践でどう活かせるかを考えた結果，授業場面の期間記録法や学習従事観察法，教師行動観察法といったさまざまな組織的観察法を，毎時間行うことは難しいが，協力者をお願いして実施し，ビデオ撮影を定期的に行うことはできるし必要であると感じた。また，形成的授業評価についてはできるだけ毎時間行い，生徒の思いを把握するとともに，授業に対する叱咤激励や授業改善のヒントを得るために，また授業を作っている生徒と教員の関係を深めるためにも，自ら実践しその重要性をひろめることが課題であると痛感している。

　このような課題を意識するようになったのも，教科だけでなく，BTやCTなどを担当したからである。生徒たちが課題を見つけ，その課題解決に向けた思考ツールの活用や，グループでの話し合い活動を中心とした授業を展開していく中で，教えている立場である私が，自らの実践を振り返

121

る機会をもったことが大きいと考える。生徒たちにとって有意義で価値のある授業を目指すために，日々の授業を振り返り，課題を見つけ解決に向けた授業実践を続けたい。それには，生徒の積極的な活動場面の多いBTやCT，「情報の時間」などが多くのヒントを与えてくれると考える。

考える力を養う体育の授業を目指して

藤田範子

　公立中学校で自分が行っていた授業のほとんどは一斉指導で，いわゆる「教え込み」のスタイルであった。保健体育科の永遠のテーマと言っても過言ではない，「運動嫌いな生徒を体育嫌いにしないような授業展開にしたい」という思いで，前任校では教材研究を重ねてきた。その結果，技能が目に見えて向上する生徒の姿があり，「運動は苦手だけど体育は楽しい」という前向きな声もあったため，現状で満足している自分がいた。

　本校に赴任してから1年が過ぎ，これまでの自分の指導法と本校の先生方の指導法との幾多のギャップに圧倒された。「教え込み」スタイルの指導法では技能は身につけど，自ら考え課題を解決する力が向上しないということを痛感した。同じ滋賀県内，同じ中学生を指導する授業において，こんなにも違いがあるのかと内心ショックを受けたが，それ以上に新しい発見やこれまで自分にはなかった指導法が学べることに胸を躍らせた。まだ本校に来て1年だが，授業の組み立て方やスタイルが徐々に変化してきている。

　本年度の研究として，「積極的に運動に親しむ資質や能力の育成——課題解決場面における論理的思考と言語活動の充実を目指して」をテーマに掲げ実践に取り組んでいる。

　学習指導要領における中学校保健体育科の趣旨の中で，体育については「自ら運動をする意欲を培い，生涯にわたって積極的に運動に親しむ資質

や能力を育成するとともに基礎的な体力を高めることを重視する」と記述されている。これは，自ら運動することが好きになり，健康的な生活習慣を身につけていくことが主眼となっている。現在，運動に興味をもち，活発に運動をしようとする生徒と，運動に対して苦手意識をもち，運動そのものを嫌がる生徒の両者が存在している。

　そこで，本研究では「言語活動の充実」と「運動量の確保」のバランスを保ち，集団での課題解決を通して思考力，判断力，表現力等の育成を目指している。

実践報告

（1）題材名：器械運動（マット運動），対象学年：第1学年男女共修，授業時間：全8時間

（2）学習目標

① 自己の能力に応じてマット運動の技能を高め，技が円滑にできるようにする。（技能）

② 互いに協力して練習ができるようにする。また，器械・器具を点検し，安全に留意して練習や発表ができるようにする。（関心・意欲・態度）

③ 自己の能力に応じた技を習得するための計画的な練習の仕方や発表の仕方を工夫することができるようにする。（思考・判断）

（3）学習計画　全8時間

　　第1時：オリエンテーション，基本的な技の練習（2時間）

　　第2時：倒立前転の運動構造について理解し，自分の課題を見つけ，技を高めよう（3時間）

　　第3時：技を組み合わせて演技しよう（2時間）

　　第4時：発表会・まとめ（1時間）

（4）授業実践の様子

　　本単元を開始するにあたり意識調査を行ったところ，マット運動があまり

好きでない，得意でないという生徒がたいへん多く，小学校時にうまくいかなかったトラウマを抱える生徒もいた。その中で「倒立前転」に取り組むことを技能の到達目標として掲げ，「できる」「わかる」という達成感や成就感を味わわせたいと考えた。

　第2時ではピラミッド・ストラクチャーを用いて倒立前転における自己の課題を挙げ，それを解決するためにはどのような練習に取り組み，反復していけばよいかを考えた。また，練習は4人の学習グループで行い，演技者，補助者2人，観察者と役割分担し，自己の運動感覚と周りから見た客観的な感覚とをすり合わせ，技の完成を目指した。安定した補助があることで安心感が増し，パフォーマンスが向上していくことを生徒も教員も実感した。

　また，観察者と補助者については，演技者にアドバイスをする上で，倒立前転の運動構造についての理解が基盤にないと，単に「上手だった」「失敗した」といった深みのないフィードバックしかできないことが予想された。そのため，倒立から前転へ移行する局面で，徐々に体重を進行方向へ移動させながら「イチ（あごを引く），ニイ（ひじをまげる），サン（脚を折りたたむ）」を合言葉にタイミングを図り，互いの動きを見て言語化する機会を多く設けた。その結果，1時間目は一人で倒立することが課題の生徒が多かったが，壁を使ったり，セーフティマットを設置したりと練習方法を工夫し，3時間目の練習では一人で倒立をし，前転までもっていける生徒が10名ほど出た。また補助ありでは9割方の生徒が技を完成させることができた。

　これらの経験から，言語活動の充実は運動技能を向上させる上でたいへん大切であると実感した。言語感覚と運動感覚とが結びつき，パフォーマンスが向上したときの喜びは保健体育科教員ならではのものである。言語活動の充実の根底には，本校の特色である総合学習をはじめとし，各教科で論理的思考とその発信力を日々鍛えている積み重ねがある。

　これからも指導法のスキルアップに努め，運動が本来もっている楽しさと，体育の授業で仲間と協働して課題を解決する充実感を味わうことができるような授業を展開していきたい。

第4章　教員も変わる

技術・家庭

技術の教科指導

島田拓哉

　私は2017年度に本校に赴任した。教員経験は赴任した時点で10年を少し過ぎたころであった。技術・家庭科（技術分野）の教員は，多くの学校でもそうであるように，学校に一人しかいない状況であり，自分の現状に満足していたので，このような原稿を書くことが許されるような実践をしていたとは言えない，そんな教員である。その点では，本書の読者のみなさんの方が研究熱心で向上心があると言えると思う。

　本校に赴任することになってから最初に考えたのは，「今まで積み重ねてきた実践と本校のBTをどのように組み合わせていくか」であった。人事異動により勤務校が変わったときには，ただでさえ新しい環境に慣れるのに時間が必要になる中で，できることといえば，それぐらいしかなかった。結局，1年間「今まで積み重ねてきた実践とBTをどのように組み合わせていくか」を考えることだけで精一杯だった。自分の専門教科である技術・家庭科（技術分野）に取り入れられるものはないだろうかと試行錯誤してきたが，私の場合は，思考ツールを取り入れることしかできなかった。それでも，グループでの話し合い活動やワークシートに関しては，少しは授業が改善できたのではないかと感じている。

　技術の時間は，週に1時間であり他教科と比較すると非常に時間数が少ない。それゆえに，前の時間に学習した内容が定着せず，生徒の中でぶつ切りになってしまうことが課題である。また，生徒それぞれの生活経験の違いによって，学習のスタート地点が違っているので，個別に対応する場

125

面が多くなりがちであるという課題もある。一方で，学習の形態としては，グループでの学習がしやすい環境の中で授業を行うことができるので，生徒が経験的に得た知識を共有させることで，探求的な課題解決学習ができるのではないかという可能性を感じている。また，探求的な学習だけでなく，思考ツールを取り入れたワークシートを工夫することによって，学習内容の振り返りについても効果的にできるのではないかと思い，研究を進めていこうと考えている。

実践例　ものづくりに関する技術「さまざまな材料を比べてみよう」

　生徒たちは，実際の生活の中でいろいろなものを使って生活をしている。ものづくりに使われているさまざまな材料についても生活の中で触れる機会があるので，経験的に知識を獲得している。しかし，その知識は，生徒の中でそれぞれの材料について整理されたものではなく，とても曖昧な知識でしかない。また，ものづくりの材料を選択する場面では，さまざまな材料の長所と短所を比較して目的を達成するための最適な材料を決定することになるが，生活経験の中ではそのような比較がなされていないため，最適解による材料選択という大切な視点をもっていないことになる。

　技術の授業の中では，知識は製作を進めながら技能とともに自然と獲得していくのではないか？という考え方もあるかもしれない。しかし，技術という教科では PDCA サイクルを採用しており，設計段階での創意工夫を重要視しているので，その段階での材料選択ができる力は必須である。そのため，設計段階での材料決定に必要な一定の知識をもっていることが大切であり，技能を高めながら知識を獲得していくのは，技術の授業の中でのねらいとしているところには合致しないと考えている。

　材料の特徴の学習というと，木材の特徴を学習した後に金属材料の特徴を学習し，その後プラスチックの特徴について学習するというように，いろいろな材料の特性を列挙していく形態になりがちである。さまざまな材料について学習する際に，生徒が経験的に得た知識を活かすことによって，材料の

第4章 教員も変わる

3. 起こりそうなことを想定し、使用条件や場面に応じた材料の選択をしよう
①S田先生の家族には保育園に通う子供がいます。その子供たちが使う食器はどんな材料でできていると良いでしょうか。
(1) 同心円マップを使って、上のような条件下で起こりそうなことを想定しよう。

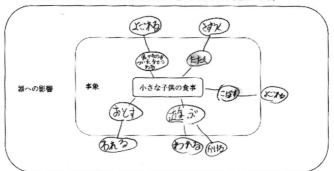

(2) Yチャートを使って、3つの材料を比較しながら長所と短所を分析し、円の内側に長所、外側に短所を書きましょう。

(3) 結論
(軽くて丈夫で水に強く電気も通さない。)だから
適している材料は(プラスチック)です。

図4-3 同心円マップとYチャート

特徴についての知識も深めることができるのではないかと考え，生徒のもっ
ている知識を比較させたり交流させたりすることを中心に授業を行った。ま
た，具体的な場面設定がないと，場面に応じた材料の選択ができないので，
「小さな子どもが使うお茶碗を作るとき」と場面を設定し，木材と金属，プ
ラスチックの三つから選ばせ，その理由を各材料の長所と短所に注目させな
がら述べさせた。使用場面の特性とそれぞれの材料の特徴を整理するために，
同心円マップとYチャートを使って情報の整理をさせた（図4-3）。このこ
とで，生徒それぞれの経験的知識を共有することができるとともに，視覚的
にとらえることができるので，場面に応じた材料選択についての議論が盛り
上がり，三つの材料すべてに関しての学習に深まりをもたせることができた。

授業内での思考ツールの活用について

杉村麻里子

　現在講師として家庭分野を担当している。講師としても日が浅く，生徒
に広い家庭分野を考えさせながら学ばせるために，思考ツールを活用して
いる。

　家庭分野では，かつては衣食住分野を実技をともなって女子生徒のみ学
んでいたが，現在ではそれらに加えて家族や地域・環境・消費生活分野等
が加えられており，家庭生活を基盤としながら日本の社会や現状について
も男女が共に学んでいる。大きなテーマとしては，将来の自立に向かって
知識や技能を身につけながら共生社会や持続可能社会のために何ができる
のか，課題を発見・取組み・その評価と改善への道すじを重ねていくこと
である。その過程では座学と同様に実技も非常に重要である。

第4章 教員も変わる

　そこで家庭分野においても適宜思考ツールを活用して，座学では学習分野の情報を整理し理解を促し，実技では課題のオリジナル作品デザイン作成の補助等にいかしている。

　ここでは実技課題の際の思考ツールの活用について，具体例を紹介する。

実践例　非常持ち出し袋を計画する

　被服の実習では，生徒自身がデザインした非常持出し袋の製作を課題にあげ，まずは計画書を作成させる。その際には作品パターンを紹介した上で，計画の立案がしやすいように思考ツールを用いてイメージし，具体的特徴をあげさせてから，非常持出し袋としてデザインをまとめ考えさせている。

　思考ツールでは同心円マップを使わせている（図4-4）。浮かんだイメージをふくらませてそこから具体的特徴（大きさ・形状・色・素材など）を考えさせ，自分のオリジナル作品のデザインにつなげさせている。

　　・課題の条件を確認する。
　　・課題に対する自分のイメージを書き出す。（大きさ・形状・色・素材などについて）
　　・中心円に課題名を記入させる。
　　・第1円に自分が考えたイメージを記入させる。
　　・第2円に第1円に記入したイメージから連想される，具体的な持ち出し袋の特徴を記入させる。

　ここまで記入させることで，自分の作りたい作品の具体的特徴が出てくる。適宜，記入した具体的特徴を用いて大きさ・形状・色・素材などを決めてまとめ，オリジナル作品のデザイン計画を立案させる。

　思考ツールを用いるメリットとしては，非常持ち出し袋へと広げたイメージを記入し，連想して具体的特徴を考えさせることで，イメージから具体化への流れを記録しておくことが出来ることが挙げられる。どのような考えで非常持出し袋をデザインしたかが，誰の目からも理解しやすい。また，ここで用いた同心円マップを記入して完成させることは，自分の考えをまとめた

129

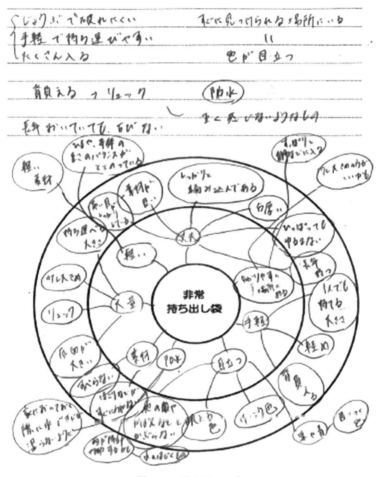

図4-4　同心円マップ

という小さなものではあるだろうが達成感を得られるものではないだろうかと考える。それによって次の過程での計画表作成や実際の作品作りへの意欲も，増すだろうと考えられる。

　いきなりオリジナル作品をデザインすることが難しい生徒もあるだろう。しかし同心円マップを用いることで，頭に浮かんだイメージから具体的特徴

へと連想し，ツールに記入してそれらをまとめることで，オリジナル作品の
デザイン作りが難しくなくなると考えられる。このようなオリジナル作品の
デザイン作成方法を学ぶことで，今後同様の課題にも活用していくことがで
きると考える。

　思考ツールを用いさせると，イメージから具体的特徴まで記入するのに5
分もあれば細かく書ける生徒がいる。ただ一方でイメージする，ふくらませ
て連想する過程が苦手な生徒もいるので，そこは個々に対応する必要がある
だろう。

　家庭分野の実技において，思考ツールをオリジナル作品のデザイン作成に
いかす例を紹介した。頼りすぎてもいけないだろうが，多種ある思考ツール
を便利な道具として目的等に応じて使い分け，情報を整理し理解を深めたり，
課題を達成したりする際に役立つものとして，これからも活用の道を探って
いきたいと考える。

英　語

英語の授業で考えさせる？

林　秀樹

　私が本校に勤務し始めたのは7年前である。何度か研究会の部会などで来たことはあったが，どんな学校かあまり知らなかった。学力の高い生徒が多くて，生徒指導も少なそうなので，楽な学校だろうぐらいにしか思っていなかった。しかし，職員会議で話される内容などを聞き，「えらいところに来てしまったな」というのが第一印象であった。今までの勤務校では聞いたことのなかった，「情報の時間」や「思考ツール」という言葉や，BTの授業についての話は，全く話の内容についていけなかった。

　今まで勤務した学校では，正直に言うと，総合学習は行事でほとんど消化し，または教科の補充の時間にあてていた。たとえば，総合英語などという時間で英語の授業をし，授業の最初に「今日は『総合』（小声で）英語やからな」と言って，普段通りに英語の授業をしていたこともあった。そんな「なんちゃって総合学習」を何年も続けてきた者にとっては，この学校の総合学習の取り組みは全く異質なものであり，戸惑いがあった。

　特に驚いたことがある。それは，生徒の自主性に任されている活動の多さである。とにかく今まで勤務した学校では，生徒の自由にさせると，「何か問題がおきる可能性がある」という考えのもと，できる限り生徒が自由にできる活動は制限してきた。しかしこの学校では，生徒は自らの力で学習を進めており，そのことがまた大きな驚きであった。最初は，「さすが，附属中学校だな」「附属の生徒だからできるんだろうな」という感想だった。

しかし，生徒の活動を観察したり，校内での研修会などの話をよくよく聞いていると，「附属の生徒だから」という理由だけではなく，生徒が自主的に取り組める方法や仕組みも大きく関係していることに気がついた。自分なりの解釈かもしれないが，ひとつは取り組みの一貫性である。総合学習のときだけ自主性を重んじてもそれは難しいと思う。この学校は，BT，「情報の時間」，各教科，そして行事等でさえも，ひとつの方針に従って取り組みを行っている。今までの学校では，生徒指導においては教員間で協力することが多かったが，授業などについて共通の認識のもとで取り組むことはたいへん少なかった気がする。

　二つ目は，生徒の考えや発想を大変大事にしていることである。これはどこの学校でも同じだと思う。でも，生徒が考える方法や，考える時間を大事にしているかというと，それは疑問があると思う。この点は，自分にとっては大きなものであった。また，「これは面白そうだな」とも思えた。そこで自分の授業でも取り組もうと考え始めた。

　最初は，思考ツールを使えば生徒が考える授業になるのかと思い，とにかく思考ツールを使うようにした。他教科でも思考ツールを使った授業に慣れている生徒は，その活動自体はそんなに問題がなかった。しかし何か違和感を持ちながら授業を進めていた。そんな時，公開授業を行う機会があり，思考ツールを用いた授業を見てもらった。そこで参観者の先生から，「思考ツールを使っておられるのはよくわかりましたが，生徒が英語をあまり使っていませんね」と言われた。確かにその通りだったのである。思考ツールばかりに目が行き，教科の大切な部分である，「英語を使う」ということがあまりできていなかった。そこから自分の授業にどう活用していけばよいのかということの試行錯誤の日々が始まった。そのなかで，いつも大切にしたのは「英語を使うためにどう思考ツールを使うか？」である。目的は「英語を使うために」であり，それを第一義に考えた。するといくつかのアイデアも生まれた。そのひとつを紹介する。

133

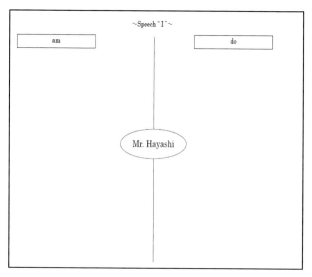

図4-5　聞き取りシート

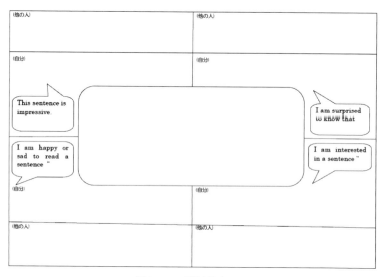

図4-6　感想交流シート

図4-5は，「聞き取りシート」と名づけた。会話や自己紹介を聞き，話者について二つから三つの観点についての英語を聞き取り，メモを取り，メモを使って交流する。生徒は二つから三つの観点があることで，自分で必要な情報を整理しながら聞き取ることができていた。また，その後の発展的な活動として，メモをもとに聞き取った内容について相手に伝えることをした。「なんだそれだけのこと」と思われるほど大変簡単なものである。しかし，この活動を行ったとき，生徒が考えながら，英語を聞いたり，話したりしている姿が見られた。

もうひとつは，「感想交流シート」と名づけたものである（図4-6）。英文を読み取り，四つの観点から感想をまとめ，他の生徒と交流した内容をまとめる。そして最後に，中央に自分の感想をまとめる。最初生徒に英語で感想文を書いてもらうことを伝えると，「エー，そんなん無理やん」という反応だった。しかし，最後にこのシートを使って感想を英語でまとめてみて，最後に自分の感想文を読んだとき，「これ，自分で書けたんや」と驚いている様子だった。

実はこれは私も同じだった。最初は「絶対無理」と思っていても，工夫したり，試行錯誤したりを繰り返す中で少しずつ形になってきた。でもそれには今までの経験からくる常識だけにとらわれず，「面白そうやから，いっぺんやってみたろか」という遊び心が一番大切だと思う。

英語科における「主体的・対話的（協働的）で 深い学び」との関連性

増田とよ子

「今日の授業はうまくいったなあ」「生徒たちはインプットしたことをアウトプットできてたな」という授業は，そう頻繁にあるわけではないが，

自分の授業の記録を毎日取っておくと他教科との共通項が見えてくる。他教科全教員の授業を参観し，対話したりシェアしたりすることにより，本校ならではのオリジナルな授業の目指す本質部分がはっきり見えてくると考える。

　ここでは，本校で取り組んできている「情報の時間」とBTに関連し，日々の実践を通して体験・体得した「主体的・対話的」な交流から育まれる術を述べることにする。英語に限らず，他教科や他校，さらに異業種の人とも交流するときに有益であることと，英語というコミュニケーション・ツールを使って，世間や世界に「自分はこう考える」「自分はこういうことをやりたいんだ」と伝えられる術を学ぶことの重要性が伝わることを祈念して止まない。

　英語科と他教科との共通項は，自己の純粋な主体的な行動において，相対して話すことは対話的である点である。ところがグローバル時代（これは英語を話すことだけではないが）を迎え，英語科でもただ単なる「会話」ではなく，まさにこの「対話」［平田 2012］がなくてはならなくなってきている現実がある。グローバル・コミュニケーション・スキルが教員にも生徒にも求められている。価値観や生活習慣が近いもの同士のおしゃべりは「会話」であるが，それに対して「対話」は，価値観が異なるときに起きる擦り合わせのことである。対話では，異なる価値観に出会ったときに，その理由や背景を考え，理解しようと努めること，そして対話の後に自分の意見が変わることを潔しとすることが大切であるということを，生徒は「情報の時間」の「発表しよう」の単元で学んでいる。

　さらに，個人やグループでの協働的活動は，BTにおいても同様で，筆者が担当した調査研究交流会でも「それもいいけど，このアイデアも少し考えられないかな」と切り出すことが深い学びへとつながることが見て取れた。

　近年，英語教育の様変わりを指摘されることは多い。内容と指導方法も

どんどん進化してきているのを目の当たりにする。さらに，2018年度からは「ALL in ENGLISH」での英語授業がはじまる。日常から「こういう時にこう言う」という「使える英語」が身についていないと英語は出てこないということを生徒も実感し始めている。

　英語は言語を学ぶだけでなく，その国の背景や文化や歴史について学ぶわけで，言葉を Context（文脈）Base で捉えることなく，Personal（あなた個人では，どんな文脈になる？）Base の段階に深める必要がある。そのために，授業開始時に生徒に最近のニュースを英語で話してもらう「Today's News」の時間を設けている（図4-7）。また Personal Base の段階に深める手段として，グループでの協働作業のようなアクティブ・ラーニングの場面に落とし込むと効果的であろう。それにはやはり，経験と技術が必要となり，「自分ならばこの場面で，どう言って状況を脱却するか」というときに，どの基本文を変形させるか。または，これとあの文法を改変するなどのグラマー・ハンティングで考えさせ，表現の幅を広げていくことができるかである。特に，「情報の時間」で教える「MECE」は，表現を構成する上で，トップダウンの視点から漏れもダブりもない部分集合に分けることができ，しかも可視化されるのでよい。これを使えば何かを考えたり，何かを説明したりしようとしたとき，コミュニケーションがスムーズになるだろう。その要素は，四つある。

- ・全体がわかりやすく網羅・詳細化されている。
- ・漏れもダブりもないので理解しやすい。
- ・考えやすいし，話しやすいし，聞きやすい。
- ・コミュニケーションが取れる。

「主体的・対話的で深い学び」について中学校では，実際の場面で使える英語力の育成を目指して，言語材料や題材内容の理解・定着・運用を創造的に行っていくことが必要である。特に，授業では「インプットしたことがアウトプットできる」ようになるためには，「Can-Do リスト」を作

図4-7　授業開始時の「Today's News」

ることが有効だと考える。「できたと感じる授業」の条件は何かと，生徒に尋ねた結果を最後にまとめておく。

(イ)【I：主体的】
・自分の情報を整理する。(短文で，わかりやすく，基本文などを意識して考えられる)
・興味深く演出する。(内容がおもしろい，ワクワクする，Why-Because式の問題意識をもつ)

(ロ)【You：対話的（協動的）】
・双方向の相手に対して，要点をまとめ互いの考えを広げ深める。(主張，原因や理由・根拠，図表や調べた資料の準備を行える)
・具体的に言語と非言語とを組み合わせて明確に伝える。(事実や現物，絵や写真，ジェスチャーの工夫をする)

(ハ)【He/She/It：深い学び】
・情報を量的にも質的にも取捨選択し，互いに磨きあう。(思考・判断・価値観を能動的に発信する)

・相互作用的に行う。(相手のもっている知識，概念，イメージの誤びゅう，半わかりの疑問などを明らかにする)

(ニ)【Active Learning】

・MECE による英文チェック，評価（生徒間での相互（グループの3人）チェック），教員・ALT からの英文チェック。

・お互いの学びあい・高めあいの原動力となるように努める。

参考文献

平田オリザ　2012　『わかりあえないことから──コミュニケーション能力とは何か』講談社現代新書。

道　徳

探究的学習活動のプロセスをヒントにした道徳

七里広志

　私が本校に勤務するようになった2010年時点では，本校の教育活動は
BT や「情報の時間」における教育研究に重点を置かれており，道徳教育
の研究は重要視されていなかった。私が勤務してからも数年間は，道徳の
研究授業がなかった。

　その中で，「判断」を主題にした2014年度の研究協議会の際に，参会者
のアンケートで「判断場面のある道徳の授業をぜひ見たい」といった内容
の意見が出された。道徳の教科化も議論されていたころであった。いい機
会だと思い，研究を進めることにした。

　まず，道徳の研究協議会を視察した。滋賀県や近畿地方における道徳教
育では，主にねらいや発問を練り，読み物資料を活用していかに学習を深
めていける授業にするか，という伝統的な道徳教育の王道の追究に重きを
置いていると捉えた。

　そこで本校では，本校のノウハウを用いて，本校だからこそできる，提
案性のある道徳を探った。「判断のゆさぶり」をねらって短い読み物資料
を複数提示したり，それだけでなく動画や絵本を活用したり，思考ツール
を活用して道徳的思考を整理させたり，話し合い活動を活発にして道徳的
思考を深められるようにしたりした。そして，研究部の教員を中心に授業
者を交えてワーキンググループで指導案を練り，複数の教員が複数のクラ
スで授業を行って，汎用化できるようにした。主題の変遷は以下の通りで
ある。

140

第4章 教員も変わる

　2015年度「『判断のゆさぶり』を意識した道徳教育の実践」

[七里ほか 2016]

　2016年度「課題解決の姿勢を身に着ける道徳教育の実践」

[七里ほか 2017]

　2017年度「探究的学習活動のプロセスをヒントにした道徳」

　2017年度に行った道徳の研究授業の内容を事例として挙げたい。

実践例

　絵本『ぼくを探しに』[シルヴァスタイン 1979]を使い，内容項目を学習指導要領に示された「指導の観点」の1-（4）（真理を愛し，真実を求め，理想の実現を目指して自己の人生を切り拓いていく）に設定した。この作品で，主人公は自分にかけている部分（「かけら」）を探して回り，一度はかけらを見つけるが，結局かけらをそっと下ろし，再びかけらを探しに行く。「自分とは何か」「自分の生き方とは？」ということについて吟味し，自分の生き方の方向性を探るきっかけとして適した教材だと考えた。

　また，この授業はBTの探究的学習活動のプロセスのうち，「整理と分析」「発表と交流」「まとめ」の三つをヒントとした。

事　前

① 資料「ぼくを探しに」を読むのは事前課題とした。

② また，事前課題として資料から「疑問に思ったこと」「新しい発見」「自分の考えと似ていたところ」を思考ツールであるYチャートに書かせた（図4-8）。

導　入

③ 始めに②を交流させた。

展開前段

④ 資料中に出てくる「かけているもの」について，「自分にかけているもの」を挙げさせた。

141

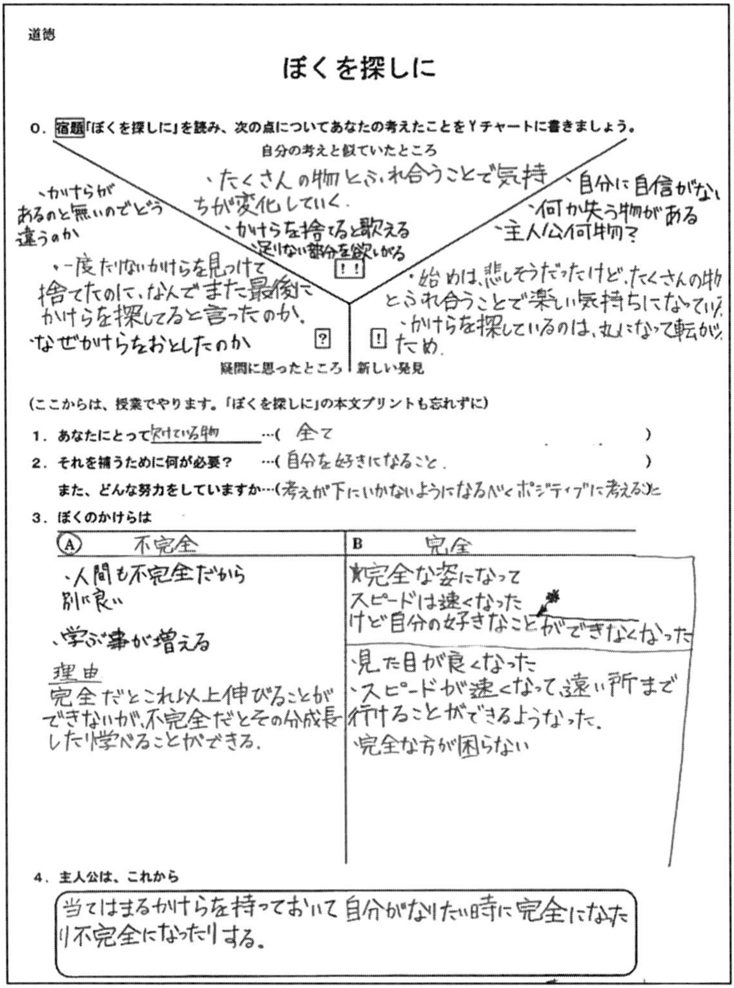

道徳

ぼくを探しに

0. 宿題「ぼくを探しに」を読み、次の点についてあなたの考えたことをYチャートに書きましょう。

自分の考えと似ていたところ

・たくさんの物とふれ合うことで気持ちが変化していく。
・かけらを捨てると歌える
・足りない部分を欲しがる

・自分に自信がない
・何か失う物がある
・主人公何物？

・かけらがあるのと無いのでどう違うのか

・一度たりないかけらを見つけて捨てたのに、なんでまた最後にかけらを探してると言ったのか。
・なぜかけらをおとしたのか

[?] 疑問に思ったところ

・始めは、悲しそうだったけど、たくさんの物とふれ合うことで楽しい気持ちになっている。
・かけらを探しているのは、丸になって転がるため。

[!] 新しい発見

(ここからは、授業でやります。「ぼくを探しに」の本文プリントも忘れずに)

1. あなたにとって欠けている物 …(全て)

2. それを補うために何が必要？ …(自分を好きになること。)

また、どんな努力をしていますか…(考えが下にいかないようになるべくポジティブに考えること)

3. ぼくのかけらは

Ⓐ　不完全	Ⓑ　完全
・人間も不完全だから別に良い ・学ぶ事が増える 理由 完全だとこれ以上伸びることができないが、不完全だとその分成長したり学べることができる。	・完全な姿になってスピードは速くなったけど自分の好きなことができなくなった ・見た目が良くなった ・スピードが速くなって遠い所まで行けることができるようなった。 ・完全な方が困らない

4. 主人公は、これから

当てはまるかけらを持っておいて自分がなりたい時に完全になったり不完全になったりする。

図4-8 「ぼくを探しに」のワークシート

第4章　教員も変わる

⑤「それを補うために何が必要か，また，どんな努力をしているか」をあげ
　させた。

展開後段（中心発問）

⑥ 主人公がかけらを離した理由を吟味させた。とくに，「不完全なままでいい
　のか？　補うことの努力は，無駄なのか？」といった点について議論させた。
　　まず4人グループで，前の席2人を「Aの状態（不完全）」，後ろの席2
　人を「Bの状態（かけらが埋まり完全）」の立場とし，議論させた。次に，
　ネームプレートを黒板のマトリックスのAまたはBに貼り，その分布をも
　とに意見交流させて自身の生き方についての吟味に発展させた。記録は
　ワークシートの思考ツールであるマトリックスにさせた。

⑦ 主人公はこれからどうしていくのがよいか，自分の意見をもとに類推さ
　せた。

終　　末

⑧ かけらが埋まったと感じたが，その後，次のかけらを探し始めた，とい
　った内容の体験談をもとに説話をした。

───────────────────────────────

　授業者として意図した「ゆさぶりポイント」に関して，「A不完全」は
「達成感を得られる」「人を思いやり，人の気持ちに気づける」，「B完全」
は「ミスがなく，何でもできることは楽しい」「人にどんどん教えられる」
等といった意見が出て，議論は白熱した。普段から議論が活発なクラスは
もちろん，おだやかなクラスでも次々に手があがった。これには先述の工
夫の効果が出たものといえるだろう。

　①②のように，資料の読み取りを事前課題とした。これまでの道徳では，
一般的に授業内で資料の読み取りをするため，充分に議論して道徳的価値
を高める時間を取りにくかった。また，⑥では，4人グループで意見の立
場を決めて議論させた。40人の学級で手をあげてはなかなか自分の意見を
言えない生徒も，ここでは発言しやすい。さらに，マトリックスに整理す

143

ることで道徳的思考の深まりを可視化させることができた。ネームプレートを活用して生徒の立場を明示させたことも生徒を指名しやすくするきっかけとなった。

　これから道徳は教科化され，対話的・主体的で深い学びがこの教科でも求められる。教員には授業の改善が求められるが，本校の道徳のスタイルは，充分ヒントになりうるだろう。

参考文献
七里広志・橋本正輝・北村拓也・林秀樹・澤田真実・多田尚平・太田聡　2016　「『判断のゆさぶり』を意識した道徳教育の実践」『滋賀大学教育学部教育実践総合センター紀要』24，29-34頁。
七里広志・林秀樹・原田雅史・澤田真実・北村拓也　2017　「課題解決の姿勢を身につける道徳教育の実践」『滋賀大学教育学部教育実践総合センター紀要』25，19-24頁。
シェル・シルヴァスタイン（倉橋由美子訳）　1979　『ぼくを探しに』講談社。

▶短冊で交流（3年生道徳）

学 校 保 健

「学校保健」と「本校の総合学習」の関わり

藤本理沙子

　私は本校に赴任して6年目になる。赴任して最初に驚いたのは，1-3年生で構成されたグループで調査研究を進めるBTと，教科に関係なく単元ごとに担当者が授業する「情報の時間」である。小学校での縦割り活動は一般的であるが，中学校が授業内でこういった形態の学習をするのは珍しい。また，中学校の授業といえば学級単位で担当教員団が授業をする，といったイメージしかなかった。本校の生徒たちは他学年所属の教員の授業も受ける機会があり，全教員で全校生徒を見ていると感じた。多くの教員と関わりをもつこと，見守られている実感は，子どもたちにとってもプラスになるであろう。

　過去にBTでベースルームを担当した養護教員はいたものの，私はBTや「情報の時間」を担当してはいない。しかし，本校の学校生活のあらゆる場面で見かける思考ツールや，本校に根づいている「学び方を学ぶ」姿勢は日々感じ取っている。

　養護教員が授業等で集団へ保健指導をしたり，保健学習に携わる機会がある。私も本校で「睡眠について」「ストレスについて」学級担任とチーム・ティーチングで指導してきた。前任校でも歯みがき指導等行ってきたが，子どもたちに健康や保健について正しい知識を持ってほしいという思いが先行し，つい知識を伝える時間を多くとりがちであった。生活習慣の振り返りにしても，一人ひとり自分と向き合ってほしいと思い，個人で振り返らせることが多かった。ワークシートは「自分の生活習慣について考

えましょう」や「振り返りましょう」等の曖昧なものであった。本校の研究（公開）授業で様々な思考ツールや発問の仕方（「考えましょう」でなく，「比べましょう」「集めましょう」「整理しましょう」等），活発なグループ活動の様子を見て，授業者として素人である私は学ぶべき点，取り入れたい点がいくつもあった。そこで，まずワークシートから見直した。自分の生活習慣を振り返る際，時系列で書き出させたり，生活する上で工夫している点や好ましくない習慣などを可視化したりできるようなワークシートにした。次いで，グループ学習の時間を作るようにした。睡眠の質について学習する際「よい睡眠を取ることでお得なこと」「よい睡眠が取れないことで損なこと」と「その理由として考えられること」をグループでできる限りたくさん出させた。また，睡眠の質を向上させるための工夫としてできそうなことはないかグループで意見を出させ，「時間・リズム」「睡眠準備」「睡眠環境」の観点で色分けされたB6サイズの付箋に書いて黒板に貼らせて全体で交流した。このような取り組みは，本校ではどの教科の授業でもよく見られる光景で，特段珍しいものではない。しかし，知識を教え込むことばかりに一生懸命であった自らの保健指導スタイルを変えるきっかけを与えたのは，本校教員の授業と主体的に学ぶ子どもたちの姿である。

　次に，授業者と違った視点で書きたい。保健室に体調不良で来室した子どもたちに問診や検温後「教室へ戻る」「1時間保健室で休養する」「早退する」を，自分で決めさせるようにしている。その際，なかなか決められない生徒がいる。以前は，こちらから提案したり本人が決めたりするのをただ待つだけであったが，「どのように迷っている？」と聞くようになった。例えば，保健室で休養するか早退するかを迷っている場合，「早退したいが帰っても家に自分一人になるので1時間は保健室で休もう」と行動選択をする。そこには自分の体調と行動選択によって生じるメリット・デメリットを考察した結果（判断）がある。大げさに聞こえるかもしれない

第4章 教員も変わる

が，子どもたちが判断に迷ってどうしたらよいかわからなくなり，行動できないことはよくある。「休みたいけど……」の裏側には一人ひとり様々な理由がある。それらを頭の中で整理し，どう行動するのがよいのか考えさせる。保健室来室時に思考ツールを書かせることはないが，子どもたちは日頃から考え判断する力を鍛えているため，自然に情報を整理し分析し判断することができていると感じる。というのは，1年生から3年生になるにつれて見通しをもった行動選択ができるようになっていると感じるからだ。また，迷っている理由を聞くことで子どもたちの悩み等の新たな発見となることもある。発問次第で子どもたちの心の中を言語化させることもできるのだ。

　何気ないことも含め，人は日常的に多くの選択をしている。もちろん「なんとなく」決めていることはたくさんあるが，自分の心身の健康を考え行動する際には少し立ち止まってほしい。自分の心身に目を向け，健康を保持増進させることは，現代のストレス社会で生き抜く上で必要な力である。子どもたちが学校で学んだ知識が日常生活に活かされること，社会で役立つことは学校教育の目標であると私は考える。本校の総合学習はその一助になっていると強く感じる。

コラム3

本校での経験が教員に与える影響

久保加織（校長）

　本校では，これまでに校内研究会や大学教員との共同研究などを通して教育・研究に取り組んできた。その成果を検証し，今後の教育・研究に向けた課題を探り，検討を行うことを目的に，2017年夏，本校教員経験者が転出後に，本校で実施した授業実践や研究で得た成果，培った力をどのように活かしているかを調査した。調査対象者は，1975年度以降2016年度までに本校に専任教員として在職したものとし，郵送により回答を依頼した。有効回答票（率）は38票（55.9%）で，男女比と担当教科比は，現在在職中の教員のそれぞれとほぼ同じであり，年齢は30歳代から70歳代までである。結果を以下に示す。

　まず，本校での勤務についてどの程度有意義であったかを尋ねた結果，「大変有意義であった」84.2%，「有意義であった」13.3%，「どちらともいえない」2.6%で，「有意義でなかった」という回答はなかった。また，転出後，どの程度参考になったかを4段階で尋ねた質問の回答は，「参考になることばかりである」25.0%，「参考になることは多いがならないものもある」69.4%，「参考にならないことの方が多い」5.6%で，「全く参考にならない」という回答はなかった。本校在職中に培われた力や転出後に役立った力を聞いたところ，「ない」とする回答者はおらず，本校勤務中に身につけておけばよかったと考える力が「ない」とする回答は21.1%であった。これらことから，本校での勤務を有意義なものであったと考える教員が多いと考えられる。

　具体的には，教科の指導力や総合的な学習に関する指導力は9割を超える回答者が，教材開発力や研究会等企画力，研究立案力は7割を超える教員が，それぞれ本校在職中に培ったと回答した。また，本校で取り組んでいるBT（1983年度に開設した「郷土学習―びわ湖と私たち―」と，その後の「びわ湖学習」，さらには現在実施中の「BIWAKO TIME」へと引き継がれている科目すべてをここではBTとして示す）等の総合的な学習の時間を指導したことで，総合的な学習の時間の指導力だけでなく，課題設定力や研究立案力，情報活用力，教科横断的指導力が培われ，郷土理解が進んだとする回答者が多かった。

　本校転出後に役立ったことを自由に3つまで回答を求めたところ，最も多かったのは，教科に関わること（25名）で，授業力や教具・教材の開発・工夫・活用，授

業計画，教材理解や教材研究，コンピュータ活用，評価などで役立ったという回答であった。また，BTや「情報の時間」に関わる記述も8名から得られ，総合的な学習の時間の基本的な考え方や指導方法，企画・運営方法，「情報の時間」の取り組みそのものが役立ったという回答であった。一方，研究に関わる記述は18名から得られ，本校で行う研究の意義を認め，その成果や姿勢を転出後の教員生活に活かしている教員が多いと考えられる。さらに，県内外の研究者や実践者，教員等と地域や校種を超えて，研究会や部会等で交流し，その後も関係を保ち，役立てていることがわかる記述も複数得られ，本校在職中に様々な人との関係を築いた人的財産も大きいと示唆される。

　本校在職時代に実施した授業を今後参考にするかを4段階で尋ねた。現在も専任教員として授業担当している50歳代以下の回答は，「これまで以上に実践したい」23.8％，「これまでと同程度に実践したい」42.9％，「これまでより実践の程度は減ると思う」22.7％で，管理職への昇任等で実践ができなくなることはあるが，多くの教員は本校での授業を参考に今後も授業を実施しようと考えていると考えられる。具体的に，通常の教科やBT，「情報の時間」について，転出後の学校での授業で参考にしたことがあるか尋ねた。その結果，教科と「情報の時間」については約7割，BTについては約6割の教員が転出後にそれぞれの授業を参考にした授業を展開していることが明らかになった。さらに，実施した授業に対する自己評価を「よい」とする割合は，教科に対しては9割以上，「情報の時間」に対しては8割以上，BTに対しては7割以上であり，おおむね良好であった。

　以上のように，本校での教員経験は，経験者にとって有意義なものであり，転出後の教育現場で活かすことのできる様々な力になっていることが明らかになった。また，総合的な学習の時間として本校独自にカリキュラムを作成し，検討しながら実践しているBTや「情報の時間」は，総合的な学習の時間の基本的な考え方や指導力を教員に培い，転出先の学校でも本校での経験を活かした取り組みにつながる科目になっていると考えられる。

第 5 章　大人になっても残る授業

BT の長期的な教育効果の検証

　中学校での教育は，たいてい「やりっ放し」で卒業後にその効果が顧みられることはあまりない。教員としては，自分の授業が生徒のその後の人生に，どのような影響を与えているか知りたいところだ。しかし，常に忙しい現場教員には，卒業した生徒のことまで調べられないのが現状だ。

　本校のような附属学校には，その実験的な教育が生徒の在学中だけでなく，卒業後に及ぶまでどのような効果を与えているのかを検証する役割があろう。生徒の1回限りの人生を使って授業方法の実験をしているのだから，それはぜひとも必要なことだと思う。

　本章では，本校卒業生へのアンケート／聞き取り調査により，総合学習の「BIWAKO TIME」(BT) が，長期的にどのような教育効果をもたらしているのかを考察する。

卒業生への質問紙調査

　調査対象は，BT の前身である「総合学習」が始まった1983年から2017年卒業生までとした。本校では，1983年段階で各学年145名程度，1996年以降は120名程度が卒業している。そこから各学年20名程度をランダムに抽出し，質問紙に返信用封筒を同封して送付した。質問紙は680通送り，そのうち156通が宛先不明で返送され，生徒の実家などに郵送された524通のうち122通の回答を得た。回答率は23.3％と低いことから，BT によい思い出を持っている卒業生が比較的多く回答している可能性があると考え

表5-1　卒業生を対象とした BT に関する質問紙調査の世代区分

世代	卒業年	履修した BT の概要	卒業生の現況	回答者数
Ⅰ	1983-1999年	BT が創設され，生徒は分科会を選択して学習内容を決めていた	社会人としての経験豊かな人が多い	39
Ⅱ	2000-2010年	5領域から3領域となり，時間数も多く，自由度の高い学習だった	学生と社会人が多い	41
Ⅲ	2011-2017年	問いを立て，思考ツールを使い，論理的な探究学習を求めた	高校生や大学生が中心	39
不明				3
合計				122

られる。したがって，卒業生が抱いている BT に対する実際の意見よりも肯定側に偏っているであろうことを，念頭に置かなければならない。

　結果を分析するのに，回答者の世代のばらつきや BT の変遷をふまえて，表5-1のように世代に分けて集計をした。

　BT に関連する種々のスキル等について，現在の自分にとって BT の経験がどの程度元になっているかを尋ねた結果を図5-1から図5-4に示した。質問したスキルのA—Dは BT の序盤から中盤の，EとFは終盤の学習活動に対応している。またG—Lは，BT の特徴を踏まえた質問項目となっている。

　これらの結果を見るにあたっては，視点を定めておかないと解釈が難しい。卒業後の年数が長いほど社会人や学生としての経験が加わるので，各項目に対する BT の貢献度は，上の世代ほど減っていくのが自然である。そうであるならば，世代が違っても差異が少なければ，それは BT が長期にわたって効果をもたらしている項目であると考えられる。また，世代間で差異のある項目は，その世代の特徴を表している可能性がある。

　BT において序盤から中盤の学習活動にあたるA—Dについては，「4」または「3」の肯定で答えた人がどの世代にも一定割合いる。これらの卒業生は，情報を取り扱い活用する力を BT で培っていたてといえる。ただ，

「4」または「3」で答えた人は，下の世代ほど増えている。この世代は
BTで思考ツールを使い，論理的な探究学習を行った。そうした重点的な
指導事項を，活用できていると考える卒業生の多いことがわかる。

　「Ａ　必要なときに課題を適切に設定できる」については，第Ⅱ世代の
卒業生の肯定的な回答がやや下がっている。第Ⅱ世代は「ゆとり教育」の
時代と重なっていて，BTの課題設定でも生徒の自由を重んじていた。思
考ツールも導入しておらず，課題設定のノウハウが整っていなかった時代
だったことが，調査結果に表れている。

　図5-2のＥとＦは，BTの終盤での学習活動に関連するスキルである。
Ａ―Ｄと同じく，ＥとＦでも「4」または「3」の肯定で答えた人の割合
が，下の世代ほど増えている。BTで思考ツールを使い，論理的な探究学
習をした第Ⅲ世代では，重点を置いていた指導事項を学んだと認識してい
る卒業生が多いことがわかる。また「Ｅ　集めた情報を自分のものとして
活用できる」は，Ａと同様に第Ⅱ世代の肯定的な回答が下がる傾向がある。

　図5-3のＧとＨ，そしてＩについてもＦまでと同じような傾向が見ら
れる。こうした結果もまた，上の世代はBTの学びよりも，卒業後の経験
から得たものが大きくなることによる，自然な傾向だといえる。

　図5-4のＪ―Ｌは，BTの内容に関わる質問項目となっている。「Ｊ
郷土である滋賀に関心を持っている」と「Ｌ　環境問題に関心を持ってい
る」を見ると，概ねすべての世代で肯定的な回答の割合が高く，世代間の
差異も比較的少ない。この二つは，本校のBTが長期にわたって安定した
教育効果をもたらしている部分であるといえよう。

第5章 大人になっても残る授業

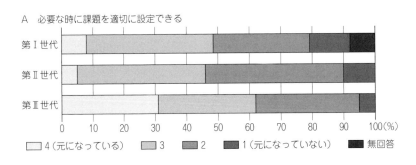

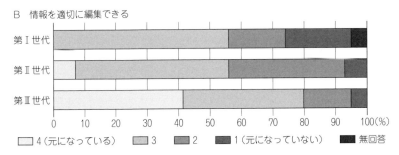

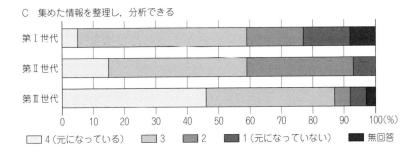

図5-1　卒業生アンケート結果①
(各スキル等についてBTがどの程度元になっていると思うか)

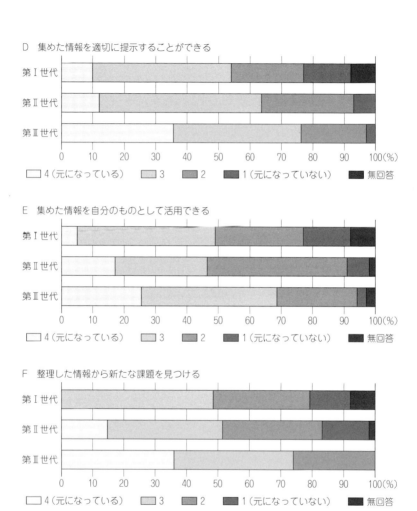

図5-2 卒業生アンケート結果②

第5章 大人になっても残る授業

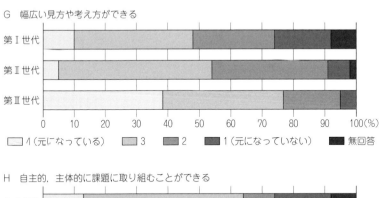

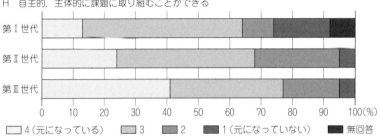

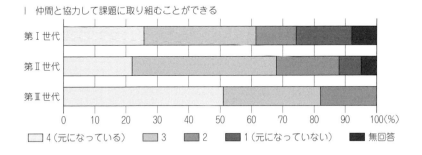

図5-3　卒業生アンケート結果③

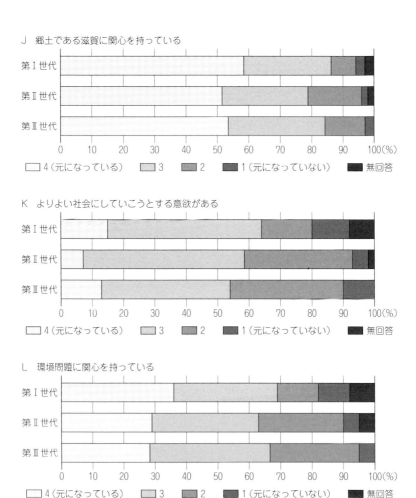

図5-4 卒業生アンケート結果④

第5章　大人になっても残る授業

聞き取り調査から見えること

　質問紙調査への回答中で，面談に応じてもよいとした卒業生や，本校に来校する用事があった卒業生を対象に，聞き取り調査も実施した。実際に本校へ足を運べる日時や距離，世代のばらつき等の条件が適した14名を選定し，BT での学びが卒業後にどのように活かされているか，より詳しく把握することにした。聞き取り調査は原則として本校で行い，卒業生の許可を得て録音もした。構造化した質問を用意し，面談時間は15—40分程度だった。調査結果の抜粋を表5-2に示した。

　表5-2の①②③④⑦のように，グループ学習によるコミュニケーションスキルが身についていると，各世代を通して評価されている。これは，図5-3の「H　自主的，主体的に課題に取り組むことができる」，「I　仲間と協力して課題に取り組むことができる」で肯定的な評価が高いことと呼応しており，BT がコミュニケーションスキルを高めたことがうかがえる。

　世代間の違いについては，第II世代は生徒の学習について主体性と自由が強調された時代だった。表5-2の⑤⑥のように，この世代は自由度が高い学習でプレゼンテーションや発表の機会はあったものの，情報の吟味や分析は十分ではなかった様子がうかがえる。

　第III世代では，⑦⑧のように情報を活用する力が卒業後の進学先での学習に活かされている様子がうかがえる。また⑧によると第III世代では一部の高校で「探究」の学習が始まっていることがわかる。多くの場合では⑤⑦のように，高校ではBT のような探究学習はなく，大学に進学してから研究が始まる。近年は高校でも総合学習を「探究」の時間として位置づけるところが増えているため，本校の BT を高校の教育課程とどう接続していくかを検討する必要がありそうだ。

　BT の授業時間数については，第I世代と第III世代はともに概ね24時間程度だったが，第II世代は30—54時間と多くの時間をかけていた。しかし，

157

表5-2　聞き取り調査結果の抜粋

① （第Ⅰ世代）	② （第Ⅰ世代）
● BT でどのような学習をされていたか。 ・グループワークで，気象と琵琶湖について調べた。グループは，同学年の生徒だけだった。琵琶湖研究所へ行ったり，大学教員の自宅を訪ねたりした。琵琶湖の濁流について教えてくれた。 ・活動は，自由にさせてもらっていた。先生は情報提供をしてくれるが，自分たちで休みの日にアポを取るなどしていた。 【昭和60年（1985年）卒・女性・研究員】	● BT で学んだことで，今どのようなスキルがついていると思うか。 ・好奇心を持つこと。自分で何かをやってみようという積極性。 ・協力して当たり前，と思うようになった。ものごとは１人ではできない。 ・現地に足を運ぶなど，行動する力。 【平成５年（1993年）卒・男性・大学教員】

③ （第Ⅰ世代）	④ （第Ⅱ世代）
● BT でどのようなスキルを身につけていたと思うか。 ・１人でやる方が得意な方だったが，グループで取り組む力をつけ，いやでなくなった。 ・図書館へ行ったり，施設へインタビューに行ったりするなど，ネットではなく，足を運んで情報を得ること。 ● BT でつけたスキルが，自身の日常において，どのような場面で役立っていると思うか。 ・地元での就職時に地元愛が役立った。大学で滋賀を離れた時に琵琶湖や滋賀の大事さがわかった。 【平成８年（1996年）卒・女性・公務員】	● BT でどのような学習をされていたか。 ・３年生では，滋賀にまつわる昔話を調べて，そこからわかる教訓を読み解いた。比叡山のお坊さんにインタビューをした。 ● BT でどのようなスキルを身につけていたと思うか。 ・３年生の時は，みんなをまとめようとした。 ・BT の授業時間が多かったので，じっくり取り組むことができた。しかし，発表前を振り返るとむしろ少ないぐらいで，遊ぶ子はいなかった。 ・郷土への関心に関して，大学進学で滋賀を離れた時に滋賀のよさに気づいた。 【平成20年（2008年）卒・女性・企業研究員】

⑤ （第Ⅱ世代）	⑥ （第Ⅱ世代）
● BT でどのような学習をされていたか ・３年生の時のテーマは「森」。県庁でインタビューのあとバスで山へ行き，木を伐る体験をした。森の役割や，間伐の重要性を知った。 ● BT で学んだことで，今どのようなスキルがついていると思うか。 ・情報を見せること。プレゼンを工夫し，OHP を作ったり，もらった森林の写真をもとにクイズを作ったりした。模造紙も１枚書いた。 ・情報の吟味はあまりできなかった。このスキルは，大学生なってから身についた。 【平成22年（2010年）卒・女性・大学生】	● BT でどのような学習をされていたか ・２年生は糸切り餅について。お菓子を食べに行こう，という雰囲気だった。 ・３年生はヨシを育てた。下級生をまとめることに特化した。 ●今の中学生には，どのようなスキルを身につけておくべきだと感じるか。 ・「自由にやっていいよ」は附属の生徒には難しいだろう。昔は，調べて結果を出すことだけに特化していた。思考力は，小学校時代の方がむしろあった。 【平成22年（2010年）卒・女性・大学院生】

第5章　大人になっても残る授業

> ⑦（第Ⅲ世代）
> ●BT でどのようなスキルを身につけていたと思うか。
> ・コミュニケーション力。学年バラバラでのグループをまとめるときに必要だった。電話でアポを取ることも緊張した。
> ・高校では BT のような活動はなかったので，このときに身についたものが大きい。
> ●BT で学んだことで，今どのようなスキルがついていると思うか。
> ・今でもグループでしゃべる時にコミュニケーション力は生きている。アルバイトのアポイントなども問題なくできた。
> ・大学でイメージマップなどの思考ツールを使う機会があり，思い出しながら使えた。
> 【平成25年（2013年）卒・男性・大学生】

> ⑧（第Ⅲ世代）
> ●BT でどのようなスキルを身につけていたと思うか。
> ・テーマ決めの力。疲れるが力を入れた。
> ・外に聞きに言って終わり，では評価されないので，仮説を立てて実験して，もう一度仮説を立ててもう一度実験をすることで研究が深まることを学んだ。
> ●BT で学んだことで，今どのようなスキルがついていると思うか。
> ・高校の探究の時間では，テーマを決めるのは，中学校でやっていたので，早かった。グループでテーマを決め，自分たちで調べて発表という流れだが，とくに問題なくスムーズにできている。
> ・思考ツールは高校の授業では使わないが，実際にかかなくても頭の中でできるようになった。
> 【平成28年（2016年）卒・男性・高校生】

　第Ⅰ世代の生徒は，①のように休日や長期休業中などの時間を活用していたことがわかった。②③にも見られるように，インターネットのない時代でも，「足を運ぶ」ことで深い情報を得ていたようである。

　また④によると，時間数が多かった第Ⅱ世代でも発表前の時期は時間が足りないぐらいだったとのことで，探究的学習活動は時間をかけるとより深い学びとなる可能性が高まることがわかる。授業時間が短くなった第Ⅲ世代の現在は，時間を削減した分「情報の時間」や各教科での学びと絡めて，深い学びになるよう努めている。

　個々の聞き取りで興味深かったことをいくつか紹介しておきたい。第Ⅰ世代の①と③の回答者は，現在は滋賀県内の公的機関でびわ湖環境について研究している。彼女たちは，いわば BT をそのまま職業にしてしまった人たちだ。特異な例なのかもしれないが，BT が卒業後のキャリア形成に決定的な影響を与えることもあるという証左である。

　「情報の時間」との関連では，今は医大に進んでいる卒業生の語った次のことが印象的だった。

159

メディアのみかたは目から鱗だった。新聞社によって書いてあること
が違うとか，どこの肩をもつかも違う。自分は新聞に書いてあること
はすべて正しい，客観性の塊だと思っていたけど，意外とそうでもな
くびっくりした。いまでもそれをよく覚えている。

　また，まだ卒業したてのある高校生は，自分が伝えたいことを伝えるた
めのデータの見せ方やグラフの作り方を「情報の時間」で学んだという。
そのスキルがあれば，メディアの説得技術やごまかしを見抜くこともでき
ると彼はいう。「情報の時間」でのこうした学びは，これからもずっと彼
らの中に残っていくことだろう。

調査からわかったこと

　本校の卒業生がBTを通して身についたと感じていることのうち，すべ
ての世代で共通して特筆すべきことはつぎの二つの点だ。第1は，グルー
プでBTに取り組むことで，仲間とともに課題を考えるようになり，コミ
ュニケーション力がついたことである。第2は，探究的学習活動のプロセ
スでの情報収集・活用能力である。

　その一方で，世代の違いがうかがえる点も見られた。第Ⅰ世代は，BT
の限られた学習時間の中で，主体的に工夫して学習していた。郷土への関
心やよりよい社会にしていこうとする意欲，環境問題への関心へのBTの
貢献は高かった。しかし，BTにより情報活用能力が身についたという実
感は，下の世代ほどはなかった。これは，2000年代に入ってからインター
ネットが家庭にまで普及し，個人の情報環境が大きく変化したことが関係
していると考えられる。

　第Ⅱ世代は，学習時間を他の世代よりも多くかけて，主体性や自由性の
高いBTの学習に丁寧に取り組んできた。しかし，若干ではあるが，情報
の活用には他の世代よりも評価の低い項目があった。

第Ⅲ世代は，BTや「情報の時間」，教科の学習を通して論理的な探究学習をしたため，情報収集・活用能力が身についたと感じている傾向がとくに強い。しかし，郷土への関心やよりよい社会にしていこうとする意欲と環境問題への関心は比較的低いようだ。

本調査の弱点として，回答者の実感が本当にBTの学習によるものなのか，卒業後の経験の中で身についたものがどの程度影響しているのかを，正確に区別することは難しいことを再確認しておきたい。

しかしながら，本調査を通して，本校が全国に先駆けて実施してきた総合学習によって，中学生時代に身につけたことが，卒業後に様々な場面で役立っていることが示唆された。また，各世代の当時の教員がどのような課題意識を持ち，どのような学習を仕組んだかによって，身についた力に違いが生じているようだ。

BTをはじめとする総合学習を本校で続けていくにあたっては，大きな骨子は維持したうえで，生徒や時代の課題を見据えて何を重要視して取り組むべきなのか，検討を続けていく必要がある。これはBTに限らず，「情報の時間」や他の教科との連携，すなわちカリキュラム・マネジメントが必要なことも意味している。この点は本校の今後の課題である。

（本章は，山田奨治と七里広志が共同で執筆した。なお，本章の調査にあたっては，JSPS科研費17H00052の助成を受けた。）

第6章　滋賀大学附属中学校の実践が
　　　　投げかけること

35年続くアクティブ・ラーニング

　最終章では，幼稚園から高校までの日本の初等中等教育の全体に，あるいは日本の社会に，35年に及ぶ本校の実践は何を提供しているのかを考えたい。

　近年の教育界は，アクティブ・ラーニング（AL）の話題で持ちきりになっている。書店の教育書コーナーへ行けば，ALの理念やノウハウの本がすでにずらりと並んでいる。ひょっとしたら，本書もそれらのなかに埋もれてしまっているかもしれない。しかし，ここまで読み進めてくれた読者ならば，本書があまたある「AL本」とはひと味違うと感じてもらえることだろう。

　いうまでもなく，ALは2018年度から順次実施される新学習指導要領が審議されていたときに，クローズアップされたものだ。「伝統的な」授業スタイルでは，生徒は全員黒板を向いていて，教員が一方的に話し続ける。そうではなく，生徒が能動的に学習するように仕向けるメソッドがALだとされている。たんにグループワークやタブレット端末を授業に取り入れるだけでは，ALとは言わない。ALを実践するには，生徒の能動性を引き出す教材と授業方法をよく練らなければならない。

　ALは言葉だけが大流行しているが，新学習指導要領を見るとALに代わって「主体的・対話的で深い学び」がキーワードになっている。「主体的な学び」とは，「学ぶことに興味や関心を持ち，自己のキャリア形成の方向性と関連付けながら，見通しを持って粘り強く取り組み，自己の学習

第6章　滋賀大学附属中学校の実践が投げかけること

活動を振り返って次につなげる」ことである。「対話的な学び」とは，「子供同士の協働，教職員や地域の人との対話，先哲の考え方を手掛かりに考えること等を通じ，自己の考えを広げ深める」ことである。そして「深い学び」とは，「習得・活用・探究という学びの過程の中で，各教科等の特質に応じた『見方・考え方』を働かせながら，知識を相互に関連付けてより深く理解したり，情報を精査して考えを形成したり，問題を見いだして解決策を考えたり，思いや考えを基に創造したりすることに向かう」ことだ。そのうえで，ALは「授業改善の取組を活性化していく視点として整理」されている。

本校が35年間やってきた「BIWAKO TIME」（BT）は，「主体的・対話的で深い学び」そのものである。BTでは，生徒が自ら課題を設定して「主体的な学び」をしている。しかもBTでの学びは，卒業して時間がたち，授業そのものの記憶は薄れても，大人になった生徒のなかに確実に残っている。第5章で紹介したように，びわ湖の研究者になって活躍している卒業生もいる。BTは，「自己のキャリア形成の方向性」を決める「主体的な学び」の場にもなっている。

BTが「対話的な学び」の実践の場であることも，いまさら繰り返す必要はないだろう。生徒が主体的であれば対話がはじまる。本校では，教員が言わなくても生徒が対話をはじめる。生徒がしゃべり出したくなる題材と仕掛けを用意しているからだ。しゃべり出したくなる題材とは，滋賀県民がとても大事にしてきたびわ湖とその周辺環境のことだ。仕掛けとは思考ツールのことである。ツールと言っても，ホワイトボードや紙に線を引いただけのものだが，それがあって使い方を知っていれば，自然に使いたくなる。100円均一ショップで売っているマグネット・シートや付せん紙など，元手のかからない道具立てで，深い対話に導くことができる。

BTでは，「あーっ！」「そうか！」という生徒の声が，教室のいたるところから聞こえてくる。それは，自分の知識と新しい知識が結びつき，

163

「深い学び」になった瞬間の産声だ。そのようにして BT で培われた AL が，すべての教科の授業に活かされていることも，第 4 章で見たとおりである。

生徒が自ら問いを立てる

　前述したように，「深い学び」は知識の関連づけや考えの形成，問題発見と解決策の提示，思いや考えを基にした創造に向かうことだとされている。これらのなかで，中学生にとって最も難しく，かつこれまであまり指導もされてこなかったのは，問題発見あるいは課題設定の部分だろう。

　文部科学省が示した「新しい学習指導要領の考え方」という資料には，「深い学び」の例として「事象の中から自ら問いを見いだし，課題の追究，課題の解決を行う探究の過程に取り組む」「精査した情報を基に自分の考えを形成したり，目的や場面，状況等に応じて伝え合ったり，考えを伝え合うことを通して集団としての考えを形成したりしていく」があげられている〔文部科学省 2017a〕。すなわち，生徒が自ら問いを立てること，そして集団で協働しながら考えを形成することが，「深い学び」の鍵になっている。

　こうした考えは，国際的にも共有されている。たとえば，2016年 5 月にあった「G7倉敷教育大臣会合」で採択された「倉敷宣言」には，新たな時代に求められる資質・能力として，「自ら新たな問いを立ててその解決を目指し，他者と協働しながら新たな価値を生み出していくための力」という文言がある〔G7 Kurashiki Education Ministers' Meeting 2016〕。

　わたしは近年，米国のある有名大学の卒業式に参列する機会があった。そのときの式辞で，これからの社会人に必要な能力として学長が強調していたことは，問題を発見・解決すること，それを文化的に異なる他者との協働的な環境で実行できることだった。グローバル化した世界で人類の課題を解決するには，「他者との協働」をする能力が，教育の各段階でこれ

第6章　滋賀大学附属中学校の実践が投げかけること

まで以上に求められている。

　本校の BT では，課題設定に多くの時間を費やし，しかもそれをグループで協働的に行っている。世界的に求められている教育を，中学校レベルで実践しているともいえる。ただ，それは中学生にはやはり難しいことなので，教える側に工夫が必要である。

　本校で工夫していることは，生徒が自ら課題を設定するにあたって，一定の条件をつけることで思考が広がりすぎないようにすることと，協働作業を円滑にするための思考ツールの活用である。

　前者について行っているのは，BT では教員がテーマを例示して，そこから生徒の発想を広げることである。同様の手法は教科の授業でも行っている。たとえば，社会科では沖縄への修学旅行にあたっての調べ学習で，「なぜ～か」を題にすることを条件に生徒が自らテーマを設定する。また美術科では，作品のコンセプトや意図を考えてから技法と道具を選ぶ［七里 2017］。国語科では，読解する文章と関連する資料を比較検討しながら，学習課題を生徒が自ら考える授業をしている［井上 2018］。本校がこうした実践をさらに高めることで，「生徒が自ら問いを立てる」ための授業技術として広がることに期待をもっている。

総合学習批判を越えて

　本書では BT と「情報の時間」を中心とする総合学習の意義と効果を繰り返し述べてきた。しかし，総合学習に対しては批判が多いことも事実だ。いわゆる「ゆとり教育」時代に教科の時間を減らして総合学習を増やした。そのせいで生徒の基礎学力が低下したという批判である。

　しかし，そうした批判には的はずれなものが多い。生徒の探究力を高める総合学習に，まじめに取り組んだ学校ばかりではないからだ。教科の補習や職場体験，校内行事の準備，外部講師による授業等で，総合学習の時間を消化している学校は多いようだ。探究的な総合学習を効果的に行うた

165

表6-1　新学習指導要領（国語）情報の扱い方に関する事項

第1学年	第2学年	第3学年
ア　原因と結果，意見と根拠など情報と情報との関係について理解すること。	ア　意見と根拠，具体と抽象など情報と情報との関係について理解すること。	ア　具体と抽象など情報と情報との関係について理解を深めること。
イ　比較や分類，関係付けなどの情報の整理の仕方，引用の仕方や出典の示し方について理解を深め，それらを使うこと。	イ　情報と情報との関係の様々な表し方を理解し使うこと。	イ　情報の信頼性の確かめ方を理解し使うこと。

　めには，教員の準備は相当なものになる。ただでさえ忙しい現場に，それを期待するのは難しいことは否定できない。他の目的のために便利に読み替えられてきた点で，総合学習は十分に機能しなかったといえる。

　しかし，新学習指導要領が強調する「主体的・対話的で深い学び」は，総合学習が目指していた方向と完全に一致する。新学習指導要領のもとでは，総合学習の手法が全教科に広げられると見るべきだろう。その観点からいえば，総合学習についての本校の経験は，これから全国の教育現場で参考にしてもらえるはずだ。

　また国語科の学習指導要領に，「情報の扱い方に関する事項」が入ったことには注目したい（表6-1）。そこには意見と根拠の関係への理解や情報の比較や分類，さらには情報の信頼性への留意など，本校が「情報の時間」で研究・実践してきた主要な内容が入っている。総合学習の創設のときもそうであったように，本校の研究が日本全体の中学校教育に貢献できた具体例だといえるだろう。

国立大附属学校の改革論議

　これまで見てきたように，実験校としての本校は日本の教育に対して種々の貢献をしてきた。しかし，国立大学附属学校に対する行政の視線は厳しくなりつつある。文部科学省が2017年8月にまとめた「教員需要の減

第6章　滋賀大学附属中学校の実践が投げかけること

少期における教員養成・研修機能の強化に向けて」（以後，報告書）に，その一端が見られる［文部科学省 2017b］。

　この報告書は，若年人口の減少にともなう教員需要の減少に備えて，国立大学の教員養成系学部のあり方を見直そうというものだ。その文脈で，附属学校についても「機能強化」という名の改革が求められている。2004年度の国立大学法人化以後，エビデンスに基づく目標の設定・実行・結果の検証・評価を行う PDCA サイクルを回すことを，文部科学省は全国の国立大学に対して求めてきた。それと同様のことを，教員養成系の大学に対して改めて求めるというのだ。

　ところが，PDCA サイクルのような企業経営の手法が導入されてからというもの，教員が書類作りに忙殺されるようになって，授業準備や研究の時間・論文数が減少するなど，日本の学術の力は低下した。半ば自己目的化した「改革」に，教育・研究の現場は疲弊している。これから附属学校に対して否応なく求められるであろう「改革」を，より有意義で実効性のあるものとするのに，本校の経験を活かすことができるはずだ。

　この報告書に書かれてあることで，とくに本書の論点に関係する部分を抜き出して，本校の経験と照らし合わせてみたい。報告書では，国立大学附属学校は地域のモデル校としての役割が期待されていると述べられている。しかしながら，国立大附属学校は入試を行っているために生徒の構成が公立校と違っており，地域のモデル校にはなりえないとの意見がある。結論として，入試の方法を見直すことも必要だという。本校は異なるが，附属学校のなかでも特に非教員養成系の大学のそれが，いわゆる「エリート校」になっていることへの批判がある。「エリート教育」を受けたいのならば，それなりの学費を負担して私学へ行けとばかりの論調も，世の中にはある。

　この「エリート校」批判に対しては，附属学校は有能な生徒が低い学費で学べる場になっていて，よい教育を受けられないことによる貧困の連鎖

167

を断ち切る機会にもなっているとの反論がある。有能な人材を輩出してきた実績ある学校を変質させることが，社会にとって何の利益になるのかとの疑問もある。

　本書で書いてきたように，一般的な公立校とくらべて，本校の生徒には学ぶ姿勢ができている子が多いと思う。しかしそれは，幼稚園や小学校からはじまった，附属学校での教育の成果でもある。そうした質の高い「学びの集団」があってこそ，効果がまだわからない実験的な教育もできる。BT や「情報の時間」のような総合学習も，AL を先取りした授業スタイルも，本校の生徒と教員が協働して作ってきたものだ。

　報告書では，公立校にとってそのまま使えるモデルとしての取り組みを，附属学校に対して求めている。その点については，本校は総合学習に先駆的に取り組んでモデルを全国に提供したことからも，役割を十二分にはたしているだろう。

　滋賀県は大半の自治体がびわ湖に面している。滋賀県民のびわ湖愛の深さには，並々ならぬものがある。わたしは 5 年前に滋賀に居を移してから，そのことを肌で感じている。

　たとえば，滋賀県では「うみのこ」という環境学習船が，1984年から運用されている。県内のすべての小学校 5 年生が「うみのこ」に乗船してびわ湖を巡り，1 泊 2 日の環境学習をする。そうしたことを通して，滋賀の子にはびわ湖愛が育まれる。びわ湖のような地域の核に着目し，それを総合学習の中心に据える手法は，県内のすべての公立中学校に展開できるものになっている。本校は地域のモデル校として役割を，しっかりとはたしている。

　また，本校教員の OB/OG 数名にインタビューしたところ，本校で身につけた授業スタイルは，どの学校にも応用できるとはっきりと言っている。むしろ問題なのは，「あれは附属だからできる授業だ」を言い訳にして，昔ながらの授業スタイルを変えようとしない，公立校の一部の教員たちだ

ろう。報告書がいうように附属学校が「エリート校」だとして、その特徴を潰すのではなく、公立校の教員が附属学校の成果をもっと活用できるよう、行政が支援するべきではないだろうか。

ところが報告書では、入試をやめて抽選で生徒を選ぶことや、入試をする場合でもその割合を下げることなどの検討を求めている。同一の国立大学の附属学校間で、無試験かそれに近い形で進学できる仕組みについても、多様性や公平性等の観点からの見直しが検討されるべきだとしている。

本校の場合、滋賀大学に附属高校はないため、出口での「内部進学」はない。しかし、附属小学校から進学してくる生徒には、入学試験は課しているものの、不合格となる生徒はほとんどいないため、事実上の全入になっている。

地域のモデル校になることを求めつつ、生徒を抽選で選べというのは矛盾している。なぜならば、公立の中学校はたいていどこも、学区内の小学校からの「学びの集団」を引き継いで、それをいっそう育てることに力を注いでいる。仮に生徒を抽選で選ぶとなると、附属中学校は「学びの集団」をゼロから作らなければならず、公立校との質の違いは、あいかわらずできてしまう。しかし、報告書にもうたわれているような、帰国子女学級、小中連携教育、貧困等の困難を抱える生徒の積極的な受け入れは、喫緊の教育課題として検討されるべきだろう。

附属学校に対しては、教員研修へのいっそうの貢献も求められている。現職教員が日頃の授業を見学できるようにすることや、短期の研修の受け入れなどだ。前者については、本校はすでに行っている。警備上の問題もあるのでアポなしでは難しいが、他校の教員による授業見学は大歓迎である。また、年1回の研究協議会の場での授業公開のほかにも、県内の教員を集めての教科ごとの授業研究会も盛んである。そうやって自分の授業を見られることも、本校の教員にはよい刺激になっている。後者の研修受け入れについては検討を進めており、近いうちにはじまることだろう。

報告書の矛先は，附属学校が発行する研究紀要にも向けられている。汎用性も特徴もなく，公立校で活用されているのか疑わしい紀要が多いのではないかというのだ。全国の附属学校の紀要を並べてみると，確かにそのような印象を受けるものもある。その点で本校の紀要では，毎年の研究テーマをはっきりと掲げている。紀要を単年度でみれば総花的にみえても，10年分を通して見れば本校の研究の歩みがわかる。調査研究の項目や，掲載するデータに一貫性をもたせることで，経年比較もできるように配慮してきた。たとえばそうしたことも，紀要の改善のヒントにしてもらえるだろう。

大人にこそ必要な学び

　「主体的・対話的で深い学び」やその手法としての AL の必要性がいま説かれている理由は，知識や技能の修得に偏ってきた学力観を変える必要があるからだ。現代人は，知らないことに出くわしても，その場でスマホを使って検索して知識を得ることができる。さほど知識がなくても，たいていのことは何とかなる時代を，わたしたちは生きている。近い将来に，人工知能（AI）がもっと広く応用されることはほぼ確実である。AI がさらに進化すれば，一部の職業では技能もいらなくなるかもしれない。

　現代人に求められるのは，未知の課題を発見し，それに対する答えを探すこと，それを背景や文化の異なる他者と協働して行う能力だ。そしてそのベースになるのは，論理的な思考力である。大学入試がそうした能力を重視するものに変化しつつあり，それに呼応して「主体的・対話的で深い学び」のかけ声のもと，高校以下の教育が変わろうとしている。

　「主体的・対話的で深い学び」と，それによって養成される協働的な課題発見・解決能力，論理的な思考力は，未来を生きる子どもたちだけではなく，実はいまを生きる大人たちにも必要なことなのだ。BT や「情報の時間」でつける力は，いまの大人もつけておく必要がある。

第6章 滋賀大学附属中学校の実践が投げかけること

　ところが，いまの大人も子どもも，相変わらず知識偏重の姿勢から抜け出せないでいる。その端的な例が，2018年センター試験の地理Ｂの出題内容をめぐっておきた「ムーミン谷論争」だろう。

　論争になったのは，スウェーデン・ノルウェー・フィンランドが舞台のアニメとそれぞれの国の言語が例示され，「ムーミン」の舞台に対応する国の言語の例を答える問題だった。「ムーミン」の知識がなくても，問題文の指示内容を論理的に思考すれば正解はひとつになる。受験者の知識ではなく思考力をみようとしたもので，出題意図はよいものだったと思う。ただ，三つの国をアニメの舞台と決めつけるのではなく，「舞台とされる」といった表現のほうがより適切だったろう。

　この問題に対して，「ムーミンの舞台はフィンランドではなくムーミン谷だ」という反論が広く巻き起こった。これは思考力を問う試験に対する，知識を重視する立場からの反論だともいえる。とある予備校のウェブサイトでも，これはアニメの知識がなくても解ける問題だとする一方で，「ムーミン」の作者はフィンランド人であってもスウェーデン語話者で原作はスウェーデン語で書かれたといった，知識量を誇示するような解説がされている。大学受験界での知識偏重の傾向はまだまだ強い。

　たいていの情報がスマホで手に入る時代にあっては，知識の量ではなく，情報を論理的・批判的に見る力を大人がつけることが急務といえる。たいへん残念なことに，ツイッターやフェイスブックなどのSNSは，デマやフェイク，ヘイト，中傷ばかりになっているように思う。何らかの政治的な意図をもってか，あるいは深い考えなしにそういった情報を発信し，それらを吟味することなく拡散してしまうことが，ネット社会の日常になっている。それが社会を分断し，世界を不安定にしていることは，いまさら繰り返すまでもないだろう。

　ネットの情報に対してだけでなく，主要メディアや政府が出す情報に対しても，批判力が求められる。たとえば，2018年の平昌オリンピックの日

171

本の獲得メダル数が過去最高になったと，メディア各社は礼賛した。「日本人」を勇気づけるニュースだとは思うが，そもそも種目数が増えているなかで，単純に獲得メダル数を過去と比較してもあまり意味はない。本校の生徒には，それを見抜く批判力がついている。

　情報を吟味し批判的に見ること，誰がどんな意図で出している情報なのかを調べること，その主張の根拠が何で，その根拠がどう結論を支えているかの「三角ロジック」を頭に描くこと，その根拠は妥当であり信頼できるのかを常に考えること，根拠にもれや重なりがないかのMECEを意識すること——「誰でも発信者」の時代には，本校のBTや「情報の時間」でやっているような「基本動作」を，万人が身につけてほしいと願っている。

参考文献

井上哲志　2018　「古典を学ぶ意義を生徒が感じながら探究的に取り組む単元の創造——古典作品を「今」に伝える」『平成29年（2017年度）研究紀要』第60集，滋賀大学教育学部附属中学校，14-19頁。

G7 Kurashiki Education Ministers' Meeting　2016　「Kurashiki Declaration」 http://www.mext.go.jp/component/a_menu/other/detail/__icsFiles/ afieldfile/2016/06/17/1370953_2_3.pdf，3頁。

七里広志　2017　「探究的学習活動を取り入れた，論理的・創造的に思考・判断・表現する力の向上」『平成28年度（2016年度）研究紀要』第59集，5頁。

文部科学省　2017a　「新しい学習指導要領の考え方——中央教育審議会における議論から改訂そして実施へ」，http://www.mext.go.jp/a_menu/shotou/new-cs/__icsFiles /afieldfile/2017/09/28/1396716_1.pdf，22頁。

文部科学省　2017b　「教員需要の減少期における教員養成・研修機能の強化に向けて——国立教員養成大学・学部，大学院，附属学校の改革に関する有識者会議報告書」 http://www.mext.go.jp/b_menu/shingi/chousa/koutou/077/gaiyou/__icsFiles/ afieldfile/2017/08/30/1394996_001_1.pdf

第6章　滋賀大学附属中学校の実践が投げかけること

付録　「びわ湖学習」「BIWAKO TIME」の変遷

年　度		学習の名称	含む領域	内容等	時間数
昭和55	1980			自己を磨く活動として自主的課題研究に取り組み学年の枠をはずし，必要に応じ助言する学習の開始。	
昭和56	1981				
昭和57	1982	（総合学習を位置づける）	総合学習 郷土学習（びわ湖学習） 性教育　生徒会活動	自主学習の時間の設定。構成員数を限定せず自主的選択学習の開始。	
昭和58	1983	郷土学習 （びわ湖と私たち）	校外学習　道徳 英会話2年　人権学習 選択教科3年 フリータイム	18のテーマ別分科会を設定し，異学年縦割りの学際的自由研究活動へと発展する。文部省の研究開発校の指定を受ける。	24
昭和59	1984				24
昭和60	1985	郷土学習	総合学習 「びわ湖学習」 性教育	1年生を対象に基礎講座の設定。発表会に向けてのメディア講習会を開く。	24
昭和61	1986				
昭和62	1987				
昭和63	1988	びわ湖学習	総合活動 校外学習 生徒会活動 に分離する	深まりのある話し合い活動の展開の指導。	24
平成元	1989				24
平成2	1990				
平成3	1991			「びわ湖学習」に並行して，環境学習，国際理解学習を展開する。	24
平成4	1992				24
平成5	1993				
					22

年　度		学習の名称	含む領域	内容等	時間数
平成6	1994	「BIWAKO TIME」	郷土学習 国際理解 環境教育 グローブ計画	びわ湖学習と国際理解学習をドッキングして「BIWAKO TIME」とする。1，2年生郷土，国際理解学習で10分科会の開始。3年生は環境学習で外部講師による講話を実施。	30
平成7	1995			「学び方を学ぶ」郷土学習，国際理解学習，環境学習のそれぞれに5分科会を開設し，15分科会となる。	20
平成8	1996				
平成9	1997		環境・郷土に焦点化		22
平成10	1998				23
平成11	1999				30
平成12	2000			A自然，B自然と人，C人，D人と社会，E社会の5領域10分科会を開設する。	40
平成13	2001				40
平成14	2002				40
平成15	2003				
平成16	2004			A自然，B自然と人，C人，D人と社会，E社会の5領域でベースルームを設置し，分科会を廃止する。	46
平成17	2005				54
平成18	2006				50
平成19	2007			5領域からA自然，B人，C社会の3領域に再編。	44
平成20	2008			ワークブックにシンキングツール（思考ツール）を掲載。	30
平成21	2009				30
平成22	2010				30

平成23	2011		「情報の時間」との関係を		30
平成24	2012		強化	A自然，B文化，C社会の3領域に変更する。	24
平成25	2013			テーマ設定時にピラミッド・ストラクチャーを必須化。	24
平成26	2014		論理的思考		24
平成27	2015				24
平成28	2016		探究的学習活動	3領域を廃止し，カテゴリー表に基づくテーマ設定によりグループ編成を行う。	24
平成29	2017				28

　　　　あ と が き

　振り返ってみると，私は1993年4月より2011年3月までの8年間を本校
教諭として過ごし，公立中学校や県市教育委員会勤務を経て，2016年4月
より現在まで副校長として再び本校に勤務している。本書を読み進める中
で，忘れていた1つのエピソードが脳裏に蘇ってきた。それは教諭時代，
たしか1998年頃に行われた研究発表大会において，「総合学習を語る」と
いったテーマで行われたパネルディスカッション。本校OB教員や大学教
授と共にパネリストとして登壇していた私にフロアからは（BIWAKO
TIMEを参観に来られた方々）は「ただ遊んでいるだけではないか」「あ
んなの勉強とか授業じゃない」といった辛辣なご意見をたくさん頂戴した。
その際に私は，語気を強めて「確かにそう見えるだろう。でも本当はテー
マが設定できなかったり，研究計画が行き詰まったり，グループ内での意
見調整が上手くいかず苦しみ，悩んでいるから自暴自棄気味になっている
だけで，内面では「どうしよう」「何か方法はないか」と頭を働かせてい
るのです。遊んでいるように見えるだけなのです。そしてこの経験を経て，
自分たちの力でどうにかこうにかテーマや計画の設定・調査研究・発表ま
とめと行っていく中で「未知なもの」「新たなもの」を学ぶ上での『学び
方』を身につけていくのです。この力も一見すると周囲には見えません。
入試に直結する力でもありません。しかし卒業し高校・大学へと進学して
いく時，学ぶ事を諦めない・学び続ける事の大切さを忘れない大人に成長
していくのです。学力が卒業後失速していかないのです。それが証拠に，
中学時代はパッとしない成績だった生徒が「そんな有名な大学に進学した
のか」「まだ勉強を続けているのか」と驚かされる事例は紹介しきれない
ぐらい有るのです。我々職員は生徒に生きる力をつけるとはこういうこと

177

だと信じて行っているのです。」と大見得を切った思い出である。もちろん，その時のフロアは若造に圧され凍り付いてしまい，ほとんど意見が出なくなった事を付け加えておく。

　若気の至りであり，穴があったら入りたいが，今振り返ってみても表現の稚拙さを除いては考え方は変わっていない。いや今ではあの時以上に自信を持って言える。なぜなら私が教えた生徒たちが本校の保護者となり我々を支えてくれるようになっているからだ。そのときから随分と年月が経過したが本校の総合学習は若干の変更を除いて大きく姿を変えることなく現在も本校自慢の学習として実践を続けている

　国際日本文化研究センターの山田奨治先生より本校の積年に渡る研究実践をまとめて頂けるというお話を頂戴し一も二もなく了承し，今，あとがきを依頼されたため僭越ながら書かせていただいている。全文を読み終え，よくぞここまで調べ上げ，本校の諸学習の特徴を引き出して頂いたと心より感謝しております。どうぞこれからも引き続き本校に貴重なご示唆・ご教授をお願い申し上げます。最後になりましたが本書編集に関わりミネルヴァ書房の浅井久仁人氏による多大なるご尽力を頂戴したと山田先生よりうかがっております。この場を借りて衷心より御礼申し上げて，あとがきとさせていただきます。

滋賀大学教育学部附属中学校 副校長　都賀 正樹

〈執筆者紹介〉

山田奨治（やまだ・しょうじ）

国際日本文化研究センター・教授。総合研究大学院大学文化科学研究科・教授。1963年生まれ。専門は情報学と文化交流史。主な著書に、『東京ブギウギと鈴木大拙』（人文書院，2015年），『日本の著作権はなぜこんなに厳しいのか』（人文書院，2011年），『情報のみかた』（弘文堂，2005年），編著に『マンガ・アニメで論文・レポートを書く――「好き」を学問にする方法』（ミネルヴァ書房，2017年）などがある。

滋賀大学教育学部附属中学校

滋賀師範学校附属中学校として1947年に創立。「郷土を愛し世界へはばたく心豊かな生徒の育成」を学校教育目標に，「創造的な知性と正しい判断力を持つ人間に」など5つの教育目標を定め，教科等，「BIWAKO TIME」などの総合的な学習を一体化した教育課程の開発に取り組んでいる。特に，「総合的な学習の時間」に実施している「BIWAKO TIME」は，環境・郷土を題材とした，学び方を学ぶ調査研究型の総合学習であり，「総合的な学習の時間」の先駆として35年来，実践を重ねている。

びわ湖のほとりで35年続くすごい授業
——滋賀大附属中学校が実践してきた
主対的・対話的で深い学び——

2018年9月20日　初版第1刷発行　　　　　　　〈検印省略〉

定価はカバーに
表示しています

著　　者　山　田　奨　治
　　　　　滋賀大学教育学部
　　　　　附属中学校

発行者　杉　田　啓　三

印刷者　中　村　勝　弘

発行所　株式会社　ミネルヴァ書房

607-8494　京都市山科区日ノ岡堤谷町1
電話(075)581-5191／振替01020-0-8076

© 山田ほか, 2018　　　　　　　中村印刷・藤沢製本

ISBN978-4-623-08405-0

Printed in Japan

すぐ実践できる情報スキル50 学校図書館を活用して育む基礎力

―――――――――― 塩谷京子編著 B5判 212頁 本体2200円

●小・中学校9年間を見通した各教科等に埋め込まれている情報スキル50を考案。学校図書館を活用することを通して育成したいスキルの内容を，読んで理解し，授業のすすめ方もイメージできる。子どもが主体的に学ぶための現場ですぐに役立つ一冊。

「深い学び」を支える学級はコーチングでつくる

―――――――――― 片山紀子編著，若松俊介著 四六判 196頁 本体1800円

●どこの学校でも，どこの教室でも，どの先生でもできる！ アクティブラーニングのできる学級をどのようにつくっていったらよいのかをコーチングの観点から解説。3つのコーチングステップにしたがってわかりやすく示す。

教育実践研究の方法――SPSS と Amos を用いた統計分析入門

―――――――――― 篠原正典著 B5判220頁 本体2800円

●分析したい内容項目と分析手法のマッチングについて，知りたい内容や結果から，それを導き出すための分統計析方法がわかるように構成した。統計に関する基礎知識がない人，SPSS や Amos を使ったことがない人でも理解できるよう，その考え方と手順を平易に解説した。

事例で学ぶ学校の安全と事故防止

―――――――――― 添田久美子・石井拓児編著 B5判 156頁 本体2400円

●「事故は起こるもの」と考えるべき。授業中，登下校時，部活の最中，給食で…，児童・生徒が巻き込まれる事故が起こったとき，あなたは――。学校の内外での多様な事故について，何をどのように考えるのか，防止のためのポイントは何か，指導者が配慮すべき点は何か，を具体的にわかりやすく，裁判例も用いながら解説する。学校関係者必携の一冊。

―――――――――― ミネルヴァ書房 ――――――――――

http://www.minervashobo.co.jp/